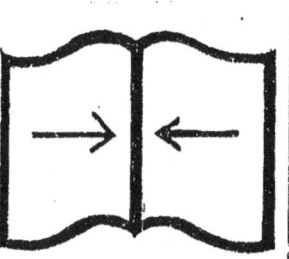

RELIURE SERREE
Absence de marges
intérieures

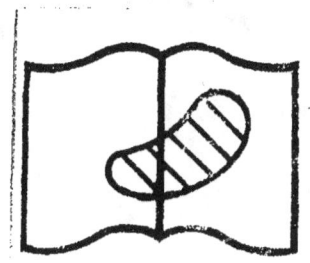

Illisibilité partielle

Début d'une série de documents en couleur

VALABLE POUR TOUT OU PARTIE
DU DOCUMENT REPRODUIT

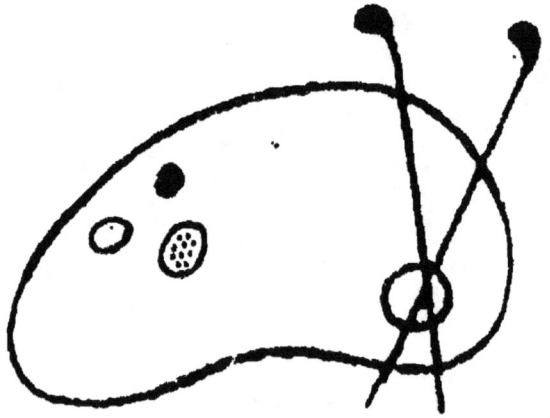

Fin d'une série de documents en couleur

# FRAGMENS

DES

# ÉTUDES DE MOEURS

AU XIX<sup>e</sup> SIÈCLE.

PARIS, IMPRIMERIE DE BÉTHUNE ET PLON,
rue de Vaugirard, 36.

# LA FEMME

SUPÉRIEURE.

LA MAISON NUCINGEN, LA TORPILLE;

PAR

M. DE BALZAC.

TOME II.

PARIS.
WERDET, ÉDITEUR,
RUE DES MARAIS-SAINT-GERMAIN, N° 18.

1838.

## SECONDE PARTIE.

# LES BUREAUX.

## (*Suite.*)

# CHAPITRE VI.

## LES TARETS A L'OUVRAGE.

Quand le gendre et le beau-père se trouvèrent à une certaine distance du ministère, Saillard rompit le silence en disant : — Cela va mal pour toi, mon pauvre Baudoyer.

— Je ne comprends pas, répondit le chef, à quoi songe Elisabeth qui a employé Godard à avoir, dare daro, un passeport pour Falleix.

Elle a, m'a dit Godard, loué une chaise de poste d'après l'avis de mon oncle Mitral, et à cette heure, Falleix est en route pour son pays.

— Sans doute une affaire de notre commerce, dit Saillard.

— Notre commerce le plus pressé dans ce moment était de songer à la place de M. La Billardière.

Ils se trouvaient alors à la hauteur du Palais-Royal dans la rue Saint-Honoré. Dutocq les salua et les aborda.

— Monsieur, dit-il à Baudoyer, si je puis vous être utile en quelque chose dans les circonstances où vous vous trouvez, disposez de moi, car je ne vous suis pas moins dévoué que M. Godard.

— Une semblable démarche est au moins consolante, dit Baudoyer; on a l'estime des honnêtes gens.

— Si vous daigniez employer votre influence pour me placer auprès de vous comme sous-chef en prenant Bixiou pour votre chef, vous feriez la fortune de deux hommes capables de tout pour votre élévation.

— Vous raillez-vous de nous, monsieur, dit Saillard en faisant de gros yeux bêtes.

— Loin de moi cette pensée, dit Dutocq. Je viens de l'imprimerie y porter, de la part de M. le secrétaire-général, le mot sur M. de La Billardière. L'article que j'y ai lu m'a donné la plus haute estime pour vos talens. Quand il faudra achever le Rabourdin, je puis donner un fier coup de hache, daignez vous en souvenir.

Dutocq disparut.

— Je veux être pendu si j'y comprends un mot, dit le caissier en regardant Baudoyer dont les petits yeux annonçaient une stupéfaction singulière. Il faudra faire acheter le journal ce soir.

Quand Saillard et son gendre entrèrent dans

le salon du rez-de-chaussée, ils y trouvèrent un grand feu, madame Saillard, Elisabeth, M. Gaudron, et le curé de Saint-Paul. Le curé se tourna vers M. Baudoyer, à qui sa femme fit un signe d'intelligence peu compris.

— Monsieur, dit le curé, je n'ai pas voulu tarder à venir vous remercier du magnifique cadeau par lequel vous avez embelli ma pauvre église. Je n'osais pas m'endetter pour lui acheter ce bel ostensoir, digne d'une cathédrale. Vous qui êtes un de nos plus pieux et assidus paroissiens, vous deviez plus que tout autre être frappé du dénûment de notre maître-autel. Je vais voir, dans quelques momens, monseigneur le coadjuteur, et il vous témoignera bientôt sa satisfaction.

— Je n'ai rien fait encore..... dit Baudoyer.

— Monsieur le curé, répondit sa femme en lui coupant la parole, je puis trahir son secret tout entier. M. Baudoyer compte achever son œuvre en vous donnant un dais pour la prochaine Fête-Dieu. Mais cette acquisition tient un peu à l'état de nos finances, et nos finances tiennent à notre avancement.

— Dieu récompense ceux qui l'honorent, dit M. Gaudron en se retirant avec le curé.

— Pourquoi, dit M. Saillard à M. Gaudron et au curé, ne nous faites-vous pas l'honneur de manger avec nous la fortune du pot?

— Restez, mon fils, dit le curé à Gaudron. Vous me savez invité par M. le curé de Saint-Roch, qui demain enterre M. de La Billardière.

— M. le curé de Saint-Roch peut-il dire un mot pour nous, demanda Baudoyer que sa femme tira violemment par le pan de sa redingote.

— Mais tais-toi donc, Baudoyer, lui dit-elle en l'attirant dans un coin pour lui souffler à l'oreille : — Tu as donné à la paroisse un ostensoir de cinq mille francs. Je t'expliquerai tout.

L'avare Baudoyer fit une grimace horrible et resta songeur pendant tout le dîner.

— Pourquoi donc t'es-tu tant remuée à propos du passeport de Falleix ? de quoi te mêles-tu ! lui demanda-t-il enfin.

— Il me semble que les affaires de Falleix sont un peu les nôtres, répondit sèchement Élisabeth en jetant un regard à son mari pour lui montrer M. Gaudron devant lequel il devait se taire.

— Certainement, dit le père Saillard.

— Vous êtes arrivé, j'espère, à temps au bureau du journal, demanda Élisabeth à M. Gaudron en lui servant le potage.

— Oui, chère madame, répondit le vicaire. Aussitôt que le directeur du journal a eu lu le mot du secrétaire de la grande-aumônerie, il n'a plus fait la moindre difficulté. La petite note a été mise par ses soins à la place la plus convenable, je n'y aurais jamais songé ; mais ce jeune homme du journal a l'intelligence éveillée. Les défenseurs de la religion pourront combattre l'impiété sans désavantage, il y a beaucoup de talens dans les journaux royalistes. J'ai tout lieu de penser que le succès couronnera vos espérances.

Le mot de l'énigme arriva quand le dîner fut fini. La feuille ministérielle, achetée par le portier, contenait aux *faits Paris* les deux articles suivans entre filets.

———

*M. le baron de La Billardière est mort ce matin, après une longue et douloureuse maladie. Le Roi perd un serviteur dévoué, l'Eglise un de ses plus pieux enfans. La fin de M. de La Billardière a dignement couronné sa belle vie, consacrée tout entière dans des temps mauvais à des missions périlleuses, et vouée encore naguère aux fonctions les plus difficiles. M. de La Billardière fut grand-prévôt dans un département où son caractère triompha des obstacles que la rébellion y multipliait. Il avait accepté une direction ardue où ses lumières ne furent pas moins utiles que l'aménité française de ses manières, pour concilier les affaires graves qui s'y sont traitées. Nulles récompenses n'ont été mieux méritées que celles par lesquelles le roi Louis XVIII et S. M. se sont plus à couronner une fidélité qui n'avait pas chancelé sous l'usurpateur. Cette vieille famille revivra dans un rejeton héritier des talens et du dévouement de l'homme excellent dont nous déplorons la perte. Déjà S. M. a fait savoir, par un mot gracieux, qu'elle comptait M. Benjamin de La Billardière au nombre de ses gentilshommes ordinaires de la chambre.*

*Les nombreux amis qui n'auraient pas reçu de billets de faire part, ou chez lesquels* ils n'arriveraient pas à temps, sont prévenus que les obsèques se feront demain à quatre heures, à l'église de Saint-Roch. Le sermon sera prononcé par M. de Grandvignau.

———

M. Isidore Baudoyer, représentant d'une des plus anciennes familles de la bourgeoisie parisienne, et chef de bureau dans la division La Billardière, vient de rappeler les vieilles traditions de piété qui distinguaient ces grandes familles, si jalouses de la splendeur de la religion et si amies de ses monumens. L'église de Saint-Paul manquait d'un ostensoir en rapport avec la magnificence de cette basilique, due à la compagnie de Jésus. Ni la fabrique ni le curé n'étaient assez riches pour en orner l'autel. M. Baudoyer a fait don à cette paroisse de l'ostensoir que plusieurs personnes ont admiré chez M. Ca-

*hier, orfèvre du roi. Grâce à cet homme pieux, qui n'a pas reculé devant l'énormité du prix, l'église de Saint-Paul possède aujourd'hui ce chef-d'œuvre d'orfèvrerie, dont les dessins sont dûs à M. Fragonard. Nous aimons à publier un fait qui prouve combien sont vaines les déclamations du libéralisme sur l'esprit de la bourgeoisie parisienne. De tout temps, la haute bourgeoisie fut royaliste; elle le prouvera toujours dans l'occasion.*

---

Le prix était de cinq mille francs, dit l'abbé Gaudron; mais en faveur de l'argent comptant, M. Cahier a modéré ses prétentions.

— *Représentant d'une des plus anciennes familles de la bourgeoisie parisienne!* disait Saillard. C'est imprimé, et dans le Journal officiel encore!

— Cher monsieur Gaudron, aidez-donc

mon père à composer une phrase qu'il pourrait glisser dans l'oreille de madame la comtesse en lui portant le traitement du mois, une phrase qui dise bien tout! Je vais vous laisser. Je dois sortir avec mon oncle Mitral. Croiriez-vous qu'il m'a été impossible de trouver mon oncle Bidault. Et dans quel chenil demeure-t-il? Enfin M. Mitral, qui connaît ses allures, dit qu'il a fini ses affaires entre huit heures et midi, que passé cette heure on ne peut le trouver qu'à un café nommé café Thémis, un singulier nom.....

— Il y rend la justice, dit en riant l'abbé Gaudron.

— Non. Il est situé au coin de la rue Dauphine et du quai des Augustins, et il y joue tous les soirs aux dominos avec son ami M. Gobseck. Je ne veux pas aller là toute seule, mon oncle me conduit et me ramène.

En ce moment, Mitral montra sa figure jaune plaquée de sa perruque qui semblait faite en chiendent, et fit signe à sa nièce de venir afin de ne pas dissiper un temps payé deux francs l'heure. Madame Baudoyer sortit donc sans rien expliquer à son père ni à son mari.

— Le ciel, dit M. Gaudron à Baudoyer quand Élisabeth fut partie, vous a donné dans cette femme un trésor de prudence et de vertus, un modèle de sagesse, une chrétienne en qui se trouve un entendement divin. La religion seule forme des caractères aussi complets. Demain je dirai la messe pour le succès de la bonne cause! Il faut, dans l'intérêt de la monarchie et de la religion, que vous soyez nommé. M. Rabourdin est un libéral, abonné au *Journal des Débats*, journal funeste qui fait la guerre à M. le comte de Villèle pour servir les intérêts froissés de M. de Châteaubriand. Son Éminence lira ce soir le journal, quand ce ne serait qu'à cause de son pauvre ami M. de La Billardière, et monseigneur le coadjuteur lui parlera de vous et de Rabourdin. Je connais

M. le curé ! Quand on pense à sa chère église, il ne vous oublie pas dans son prône. Or, il a l'honneur en ce moment de dîner avec le coadjuteur chez M. le curé de Saint-Roch.

Ces paroles commençaient à faire comprendre à Saillard et à Baudoyer qu'Élisabeth n'était pas restée oisive depuis le moment où Godard l'avait avertie.

— Est-elle futée, st'Élisabeth, s'écria Saillard en appréciant avec plus de justesse que ne le faisait l'abbé, le rapide chemin de taupe tracé par sa fille.

— Elle a envoyé M. Godard savoir à la porte de M. Rabourdin quel journal il recevait, dit Gaudron, et je l'ai dit au secrétaire de Son Éminence ; car nous sommes dans un moment où l'Église et le trône doivent bien connaître quels sont leurs amis, quels sont leurs ennemis.

— Voilà cinq jours que je cherche une

phrase à dire à la femme de Son Excellence, dit Saillard.

— Tout Paris lit cela, s'écria Baudoyer dont les yeux étaient attachés sur le journal.

— Votre éloge nous coûte quatre mille huit cents francs, mon fiston! dit madame Saillard.

— Vous avez embelli la maison de Dieu, répondit l'abbé Gaudron.

— Nous pouvions faire notre salut sans cela, reprit-elle. Mais si Baudoyer a la place, elle vaut huit mille francs de plus, le sacrifice ne sera pas grand. Et s'il ne l'avait pas?... Hein, ma mère! dit-elle en regardant son mari.

— Eh bien! dit Saillard enthousiasmé, nous regagnerons cela chez Falleix. Élisabeth aurait bien dû nous dire pourquoi il s'est envolé. Mais cherchons la phrase. Voilà ce que j'ai déjà trouvé : *Madame, si vous vouliez dire deux mots à Son Excellence...*

— *Vouliez*, dit Gaudron, *daigniez*, pour parler plus respectueusement. D'ailleurs il faut savoir avant tout si madame la Dauphine vous accorde sa protection, car alors vous pourriez lui insinuer de coopérer aux désirs de son Altesse Royale.

— Il faudrait aussi désigner la place vacante, dit Baudoyer.

— *Madame la comtesse*, reprit Saillard en se levant et regardant sa femme avec un sourire agréable.

— Jésus ! Saillard es-tu drôle comme ça ! Mais, mon fils, prends donc garde, tu la feras rire, s'te femme ?

— *Madame la comtesse...* (*En regardant sa femme.*) Suis-je mieux ?

— Oui, mon poulet.

— *La place de feu le digne M. La Billardière est vacante, mon gendre M. Baudoyer....*

— *Homme de talent et de haute piété*, souffla Gaudron.

— Écris, Baudoyer, cria le père Saillard, écris la phrase.

Baudoyer prit naïvement une plume et écrivit sans rougir son propre éloge, absolument comme eût fait un grand homme moderne, en rendant compte d'un de ses livres.

— *Madame la comtesse....* Vois-tu, ma mère, dit Saillard à sa femme, je suppose que tu es la femme du ministre.

— Me prends-tu pour une bête ? Je le devine bien.

— *La place de feu le digne M. de La Billardière est vacante ; mon gendre, M. Baudoyer, homme d'un talent consommé et de haute piété* (il regarde M. Gaudron qui réfléchit), *serait bien heureux s'il l'avait.* Ha! ce n'est pas mal, c'est bref et ça dit tout.

— Mais attends donc, Saillard, tu vois bien que M. l'abbé rumine, lui dit sa femme, ne le trouble donc pas.

— *Serait bien heureux si vous daigniez*

*vous intéresser à lui*, reprit Gaudron, *et en disant quelques mots à Son Excellence, vous seriez agréable à madame la Dauphine, de laquelle il a le bonheur d'être le protégé.*

— Ah, monsieur Gaudron, cette phrase vaut l'ostensoir, je regrette moins les quatre mille huit cents.... D'ailleurs, dis donc, Baudoyer, tu les paieras, mon garçon! As-tu écrit?

— Je te ferai répéter cela, ma mère, dit madame Saillard, et tu me la réciteras matin et soir. Oui, elle est bien troussée cette phrase-là! Êtes-vous heureux d'être aussi savant, M. Gaudron. Voilà ce que c'est que d'étudier dans les séminaires, on apprend à parler à Dieu et à ses saints.

— Eh bon, lui dit Baudoyer en lui serrant les mains. Est-ce vous qui avez rédigé l'article, demanda-t-il en montrant le journal.

— Non, répondit Gaudron. Cette rédaction est du secrétaire de Son Éminence, un jeune abbé qui m'a de grandes obligations : j'ai payé sa pension au séminaire.

— Un bienfait a toujours sa récompense, dit Baudoyer.

Pendant que ces quatre personnes s'attablaient pour faire leur boston, Elisabeth et son oncle Mitral atteignaient le café Thémis. Ils s'étaient entretenus en chemin de l'affaire que le tact d'Elisabeth lui avait indiquée comme le plus puissant levier pour forcer le cabinet ministériel.

L'oncle Mitral, huissier fort en chicane, surtout en expédiens et précautions judiciaires, regarda l'honneur de sa famille comme intéressé au triomphe de son neveu. Son avarice lui faisait sonder le coffre-fort de Gigonnet, et il savait que cette succession revenait à son neveu Baudoyer ; il lui voulait donc une position en harmonie avec la fortune des Baudoyer, des Saillard, de Gigonnet et avec la sienne qui reviendraient toutes à la petite

Baudoyer. A quoi ne devait pas prétendre une fille dont la fortune irait à plus de cent mille livres de rente ! Il avait adopté les idées de sa nièce et les avaient étendues. Aussi avait-il accéléré le départ de Falleix en lui expliquant comment on allait vite en poste. Puis il avait réfléchi pendant son diner sur la courbure qu'il convenait d'imprimer au ressort inventé par Elisabeth.

En arrivant, il dit à sa nièce que lui seul pouvait arranger l'affaire avec Gigonnet, et la fit rester dans le fiacre, à la porte du café, afin qu'elle n'intervînt qu'en temps et lieu. A travers les vitres, Elisabeth aperçut les deux figures de Gobseck et de son oncle Bidault qui se détachaient sur le fond jaune vif des boiseries de ce vieux café, comme deux têtes de camées, froides et impassibles dans l'attitude que le graveur leur a données. Ils étaient entourés de vieux visages où le vingt-cinq pour cent d'escompte semblait écrit dans les rides circulaires qui partaient du nez et retroussaient des pommettes glacées. Ces physionomies s'animèrent à l'aspect de Mitral, et les yeux brillèrent d'une curiosité tigresque.

— Hé, hé, c'est le papa Mitral ! s'écria un vieillard qui faisait l'escompte de la librairie, un vieux singe qui se connaît en grimaces.

— Et vous, vous êtes un vieux corbeau qui se connaît en cadavres.

— Hé, hé, pas mal, dit le sévère Gobseck.

— Que venez-vous faire ici, mon fils ? venez-vous saisir notre ami Palma ? lui demanda Gigonnet en lui montrant un escompteur qui avait une trogne de vieux portier.

— Votre petite nièce Elisabeth est là, papa Gigonnet, lui dit Mitral à l'oreille.

— Quoi, des malheurs ! dit Bidault en fronçant les sourcils et prenant un air tendre comme celui du bourreau quand il s'apprête à officier ; et cependant il dut être ému, car son nez si rouge perdit un peu de sa couleur.

— Eh bien ! ce serait des malheurs, n'aideriez-vous pas la fille de votre petite Saillard qui vous tricote vos bas depuis trente ans?

— S'il y avait des garanties, je ne dis pas ! Il y a du Falleix là dedans, il fait autant d'affaires que les Boigne, avec quoi? avec son intelligence, n'est-ce pas ! Enfin Saillard n'est pas un enfant et puis ça ne me regarde pas, moi, les malheurs de mes proches. J'ai pour principe de ne jamais me laisser aller ni avec mes amis, ni avec mes parens, car on ne peut périr que par les endroits faibles. Adressez-vous à Gobseck, il est doux.

Les escompteurs applaudirent à cette doctrine par un mouvement de leurs têtes métalliques ; et qui les eût vus, aurait cru entendre les cris de machines mal graissées.

— Allons, Gigonnet, un peu de tendresse, lui dit Gobseck en lui lançant un regard ironique. On t'a tricoté des bas pendant trente ans, ça vaut quelque chose.

— Vous êtes entre vous, dit Mitral, on peut parler. Je suis amené par une bonne affaire...

— Pourquoi venez-vous donc à nous, si elle est bonne, dit aigrement Gigonnet en interrompant Mitral.

— Un gars qui était gentilhomme de la chambre, un vieux.... son nom ?... La Billardière est mort.

— On le sait, dit Gobseck, et votre neveu donne des ostensoirs aux églises ! Voilà le journal.

— Il n'est pas si bête que de les donner, il les vend, papa Gobseck, reprit Mitral avec orgueil. Il s'agit d'avoir la place de M. de La Billardière, et pour y arriver, il est nécessaire de saisir....

— *Saisir*, toujours huissier, dit Palma en frappant amicalement sur l'épaule de Mitral. J'aime cela, moi !

— De saisir, reprit Mitral, le sieur Chardin

des Lupeaulx entre nos griffes. Or, Elisabeth en a trouvé le moyen, et il est...

— Elisabeth, s'écria Gigonnet en interrompant encore. Chère petite créature, elle tient de son grand-père, de mon pauvre frère! Bidault n'avait pas son pareil! Ah! si vous l'aviez vu aux ventes de vieux meubles! quel tact! quel fil! Que veut-elle?

— Tiens, tiens, dit Mitral, vous retrouvez bien vite vos entrailles, papa Gigonnet. Ce phénomène doit avoir ses causes.

— Enfant! dit Gobseck à Gigonnet. Toujours trop vif!

— Allons, Gobseck et Gigonnet, mes maîtres, vous avez besoin de des Lupeaulx; vous vous souvenez de l'avoir plumé, vous avez peur qu'il ne vous redemande un peu de son duvet.

— Disons-lui l'affaire, reprit Gobseck en s'adressant à Gigonnet; Mitral est des nôtres, il ne voudrait pas faire un mauvais trait à ses anciennes pratiques. Eh bien, Mitral, nous venons, entre nous trois, (*il regarde si personne n'écoute*) d'acheter des créances contestées et qui sont en liquidation.

— Que pouvez-vous sacrifier ?

—Rien, dit Gobseck. On ne nous sait pas là. Dutillet est notre prête-nom, lui et ses hommes.

— Ecoutez-moi, Gigonnet ? dit Mitral. Il fait froid et votre petite nièce attend. Vous me comprendrez en trois mots. Il faut envoyer entre vous deux, sans intérêts, cent cinquante mille francs à Falleix qui maintenant brûle la route à trente lieues de Paris, avec un courrier en avant : il se rend à la magnifique terre des Lupeaulx. Il connaît le pays, il va acheter autour de la bicoque du secrétaire-général pour les dits cent cinquante mille francs d'excellentes terres qui vaudront toujours bien leur prix. On a neuf jours pour l'enregistrement des actes notariés, ne perdez pas ceci de vue. Avec cette petite augmentation, la terre des Lupeaulx paiera plus de mille francs d'impôts. *Ergo*, des Lupeaulx devient électeur du grand collége, éligible, comte et tout ce qu'il voudra! Vous savez quel est le député qui s'est coulé? (*Assentiment général.*) Des Lupeaulx se couperait une jambe pour être député. Mais s'il veut avoir en son nom les contrats que nous lui montrerons, en les hypothéquant bien entendu de notre prêt avec subrogation dans les droits des vendeurs..... Ah! ah! vous y êtes?... il nous faut d'abord la place pour Baudoyer. Après, nous vous le repasserons! Falleix reste au pays et prépare la matière électorale; ainsi vous couchez des Lupeaulx en joue par Falleix pendant tout le temps de l'élection, une élection d'arrondissement où les amis de Falleix font la majorité. Y a-t-il du Falleix, là dedans, papa Gigonnet?

— Il y a aussi du Mitral, reprit l'homme aux cadavres. C'est bien joué.

— C'est fait, dit Gigonnet. Pas vrai, Gobseck? Falleix nous signera des contre-valeurs, et mettra l'hypothèque en son nom, j'irai voir des Lupeaulx en temps utile.

— Et nous, dit Gobseck, nous sommes volés! Quelle école.

— Quoi, papa? dit Mitral. Je voudrais bien connaître le voleur.

— Hé! nous ne pouvons être volés que par nous-mêmes. Nous avons cru bien faire en achetant les créances sur des Lupeaulx à trente-cinq pour cent de remise.

— Vous les hypothéquerez sur sa terre et vous le tiendrez encore par les intérêts! répondit Mitral.

— Juste, dit Gobseck.

Après avoir échangé un fin regard avec Gobseck et Palma, Bidault dit Gigonnet vint à la porte du café, se fit ouvrir le fiacre.

— Elisabeth, va ton train, ma fille, lui dit-il. Nous tenons ton homme, mais ne néglige pas les accessoires; c'est bien commencé, rusée! Achève, tu as l'estime de ton oncle!... Et il lui frappa gaîment dans la main.

— Mais, dit Mitral, le *père aux cadavres* peut nous donner un coup de main, en allant ce soir à la boutique de son journal y faire saisir la balle au bond, et rempoigner l'article ministériel. Va toute seule, ma petite, je ne veux pas le lâcher.

— Demain les fonds partiront à leur destination, par un mot au receveur-général nous avons entre nous ici pour cent mille écus de son papier, dit Gobseck à Mitral quand l'huissier vint parler à l'escompteur.

Le lendemain, les nombreux abonnés d'un journal libéral lurent dans les premiers Paris un article entre filets, inséré d'autorité par celui des personnages du café Thémis qui faisait l'escompte de la librairie, de l'imprimerie, de la papeterie, et auquel certains rédacteurs et propriétaires du journal ne pouvaient rien refuser. Voici l'article.

---

*Hier un journal ministériel indiquait évi-*

demment comme successeur du baron de La Billardière M. Baudoyer, un des citoyens les plus recommandables d'un quartier populeux où sa bienfaisance n'est pas moins connue que la piété sur laquelle appuie tant la feuille ministérielle ; elle aurait pu parler de ses talens ! Mais a-t-elle songé qu'en vantant l'antiquité bourgeoise de M. Baudoyer, qui certes est une noblesse tout comme une autre, elle indiquait la cause de l'exclusion vraisemblable de son candidat. Perfidie gratuite ! La bonne dame caresse celui qu'elle tue, suivant son habitude. Nommer M. Baudoyer, ce serait rendre hommage aux vertus et aux talens des classes moyennes dont nous serons toujours les avocats, quoique nous voyions notre cause souvent perdue. Cette nomination serait un acte de justice et de bonne politique, le ministère ne se le permettra pas. La feuille religieuse a, cette fois, plus d'esprit que ses patrons. On la grondera.

Le lendemain matin, vendredi, jour de dîner chez madame Rabourdin, que des Lupeaulx avait laissée à minuit, éblouissante de beauté, sur l'escalier des Bouffons, donnant le bras à madame Firmiani, le vieux roué se réveilla, ses idées de vengeance calmées ou plutôt rafraîchies : il était plein du dernier regard échangé avec madame Rabourdin.

— Je m'assurerai Rabourdin en lui pardonnant d'abord et je le rattraperai plus tard. Pour le moment, s'il n'avait pas sa place, il faudrait renoncer à une femme qui peut devenir un des plus précieux instrumens d'une haute fortune politique ; elle comprend tout, ne recule devant aucune idée ; et puis, je ne saurais pas avant le ministre quel plan d'administration a conçu Rabourdin ! Allons, cher des Lupeaulx, il s'agit de tout vaincre pour elle. Vous avez eu beau faire la grimace, madame la comtesse, vous l'inviterez à votre première soirée intime.

Des Lupeaulx était un de ces hommes qui,

pour satisfaire une passion, savent mettre leur vengeance dans un coin de leur cœur. Ainsi son parti fut pris, il résolut de faire nommer Rabourdin.

— Je vous prouverai, cher chef, que je mérite une belle place dans votre bagne diplomatique, se dit-il en s'asseyant dans un cabinet et décachetant les journaux.

Il savait trop bien, à cinq heures, ce que devait contenir la feuille ministérielle, pour s'amuser à la lire; mais il l'ouvrit pour regarder l'article de La Billardière, en pensant à l'embarras dans lequel Dubruel l'avait mis, en lui apportant la railleuse rédaction de Bixiou. Il ne put s'empêcher de rire en relisant la biographie de feu le comte de Fontaine, mort quelques jours auparavant, et qu'il avait réimprimée pour La Billardière, quand tout-à-coup ses yeux furent éblouis par le nom de Baudoyer. Il lut avec fureur le spécieux article qui engageait le ministère. Il sonna vivement et fit demander

Dutocq pour l'envoyer au journal. Quel fut son étonnement en lisant la réponse de l'opposition! car par hasard ce fut la feuille libérale qui lui vint la première sous la main. La chose était sérieuse. Il connaissait cette partie, et le maître qui brouillait ses cartes lui parut un Grec de la première force. Disposer avec cette habileté de deux journaux opposés, à l'instant, dans la même soirée, et commencer le combat à dix jours de la nomination! Il reconnut la plume du rédacteur libéral, et se promit de le questionner le soir à l'Opéra. Dutocq parut.

— Lisez, lui dit des Lupeaulx en lui tendant les deux journaux et continuant à parcourir les autres feuilles pour savoir si Baudoyer y avait remué quelqu'autre corde. — Allez savoir qui s'est avisé de compromettre ainsi le ministère.

— Ce n'est toujours pas M. Baudoyer, répondit Dutocq, il n'a pas quitté son bureau hier. Je n'ai pas besoin d'aller au journal. En y apportant votre article hier, j'ai vu l'abbé qui s'est présenté muni d'une lettre de la grande-aumônerie, et devant laquelle vous eussiez plié vous-même.

— Dutocq, vous en voulez à M. Rabourdin, et ce n'est pas bien, car il a deux fois empêché votre destitution. Mais nous ne sommes pas maîtres de nos sentiments : on peut haïr son bienfaiteur. Seulement, sachez que si vous vous permettez contre lui la moindre traîtrise, avant que je vous aie donné le mot d'ordre, ce sera votre perte, vous me compterez comme votre ennemi. Quant au journal de mon ami, que la grande-aumônerie lui prenne notre nombre d'abonnemens, si elle veut s'en servir exclusivement. Nous sommes à la fin de l'année, la question de l'abonnement sera bientôt discutée, et nous nous entendrons? Quant à la place de La Billardière, il y a un moyen d'en finir, c'est d'y nommer aujourd'hui même.

— Messieurs, dit Dutocq en rentrant au bureau et s'adressant à ses collègues, je ne sais pas si Bixiou a le don de lire dans l'avenir, mais si vous n'avez pas lu le journal ministériel, je vous engage à y étudier l'article Baudoyer ; puis comme M. Fleury a la feuille de l'opposition, vous pourrez en voir la fin. Certes M. Rabourdin a du talent, mais un homme qui, par le temps qui court, donne aux églises des ostensoirs de six mille francs, a diablement de talent aussi.

BIXIOU (*entrant*).

Que dites-vous de *la première aux Corinthiens* contenue dans notre journal religieux, et de l'*Épître aux ministres* qui est dans le journal libéral. Comment va M. Rabourdin, Dubruel?

DUBRUEL (*arrivant*).

Je ne sais pas (*Il emmène Bixiou dans son cabinet et lui dit à voix basse*). Mon cher, votre manière d'aider les gens ressemble aux façons du bourreau, qui vous met les pieds sur les épaules pour vous plus promptement casser le cou. Vous m'avez fait avoir une chasse de des Lupeaulx que ma bêtise m'a méritée. Il était joli l'article sur La Billardière. Je n'oublierai pas ce trait-là. La première phrase semblait dire au Roi : *il faut mourir.* Celle sur Quiberon signifiait clairement que le Roi était un.... Enfin tout était ironique.

BIXIOU (*se mettant à rire*).

Tiens, vous vous fâchez ! On ne peut donc plus *blaguer ?*

DUBRUEL.

Blaguer ! blaguer ! Quand vous voudrez être sous-chef, on vous répondra par des blagues, mon cher.

BIXIOU.

Sommes-nous fâchés ?

DUBRUEL.

Oui.

BIXIOU (*d'un air sec*).

Eh bien ! tant pis pour vous.

DUBRUEL (*songeur et inquiet*).

Pardonneriez-vous cela, vous ?

BIXIOU (*calin*).

A un ami ? je crois bien. (*On entend la voix de Fleury.*) Voilà Fleury qui maudit Baudoyer. Hein ! est-ce bien joué ? Baudoyer aura la place (*Confidentiellement*). Après tout, tant mieux. Dubruel, suivez bien les conséquences. Rabourdin serait un lâche de rester sous Baudoyer, il donnera sa démission et ça nous fera deux places. Vous serez chef, et vous me prendrez avec vous comme sous-chef. Nous ferons des vaudevilles ensemble, et je vous piocherai la besogne au bureau.

DUBRUEL (*souriant*),

Tiens, je ne songeais pas à cela. Pauvre Rabourdin ! ça me ferait de la peine, cependant.

BIXIOU.

Ah ! voilà comment vous l'aimez ? (*Changeant de ton.*) Eh bien, je ne le plains pas non plus. Après tout, il est riche ; sa femme donne des soirées, elle est jolie. Un homme qui a une belle femme peut tout ce qu'il veut. Allons, mon bon Dubruel, adieu, sans rancune ! (*Il sort dans le bureau.*) Adieu, Messieurs. Ne vous disais-je pas hier qu'un homme qui n'avait que des vertus et du talent était bien pauvre.

FLEURY.

Vous êtes riche, vous !

BIXIOU.

Pas mal, cher Cincinnatus ! Mais vous me donnerez à dîner au *Rocher de Cancale.*

POIRET.

Il m'est toujours impossible de le comprendre.

PHELLION (*d'un air élégiaque*).

M. Rabourdin lit si rarement les journaux, qu'il serait peut-être utile de les lui porter en nous en privant momentanément. (*Fleury lui tend son journal, Vimeux celui du bureau; il prend les journaux et sort.*)

En ce moment, des Lupeaulx, qui descendait pour déjeûner avec le ministre, se demandait si, avant d'employer la fine fleur de sa science pour le mari, la prudence ne commandait pas de sonder le cœur de la femme, afin de savoir s'il serait récompensé de son dévouement. Il se tâtait le peu de cœur qu'il avait lorsque, sur l'escalier, il rencontra son avoué, qui lui dit en souriant : « Deux mots, monseigneur ? » avec cette familiarité des gens qui se savent indispensables.

— Quoi, mon cher Brocq ? fit l'homme politique. Que m'arrive-t-il ? Ils se fâchent ces messieurs, et ne savent pas faire comme moi : attendre !

— J'accours vous prévenir que toutes vos créances sont entre les mains des sieurs Gobseeq et Gigonnet, sous les noms d'un sieur Palma et d'un sieur Brasquet.

— Des hommes à qui j'ai fait gagner des sommes immenses !

— Vous aurez quittance, lui dit l'avoué à l'oreille. Gigonnet s'appelle Bidault, il est l'oncle de Saillard votre caissier, et Saillard est le beau-père d'un certain Baudoyer qui a des droits à la place vacante dans votre ministère. Voyez. Je ne vous retiens pas, j'ai dû vous prévenir.

— Merci, fit des Lupeaulx, en saluant l'avoué d'un air fin.

— Voilà de ces sacrifices immenses ! se dit-il ; il est impossible d'en parler à une femme, pensa-t-il. Vaut-elle la quittance de toutes mes dettes? J'irai la voir ce matin.

Ainsi la belle madame Rabourdin allait être dans quelques heures l'arbitre des destinées de son mari, sans qu'aucune puissance pût la prévenir de l'importance de ses réponses, sans qu'aucun signal l'avertit de composer son maintien et sa voix. Et, par malheur, elle se croyait sûre du succès, elle ne savait pas Rabourdin miné de toutes parts par le travail sourd des tarets.

— Eh bien ! Monseigneur, dit des Lupeaulx en entrant dans le petit salon où l'on déjeûnaît, avez-vous lu les articles sur Baudoyer?

— Pour l'amour de Dieu, mon cher, répondit le ministre, laissons les affaires dans ce moment-ci. On m'a cassé la tête, hier, de cet ostensoir. Pour sauver Rabourdin, il faudra faire de sa nomination une affaire de conseil, si je ne veux pas avoir la main forcée. C'est à dégoûter des affaires.

— Voulez-vous me livrer la conduite de ce vaudeville, et ne pas vous en occuper? je vous égaierai tous les matins par le récit de la partie d'échecs que je jouerai contre la grande aumônerie.

— Eh bien! lui dit le ministre, faites le travail avec le chef du personnel. Savez-vous que rien n'est plus propre à frapper l'esprit du roi que les raisons contenues dans le journal de l'opposition? Menez donc un ministère avec des Baudoyer!

— Un imbécile dévot, reprit des Lupeaulx, et incapable comme...

— Comme La Billardière, dit le ministre.

— La Billardière avait au moins les manières du gentilhomme ordinaire de la chambre, reprit des Lupeaulx. Madame, dit-il, en s'adressant à la comtesse, il y a maintenant nécessité d'inviter madame Rabourdin à votre première soirée intime. Je vous ferai observer qu'elle a pour amie madame Firmiani, elles étaient ensemble hier aux Italiens, et je l'ai connue chez madame Firmiani. D'ailleurs vous verrez si elle est de nature à compromettre un salon.

— Invitez-la, ma chère, dit le ministre, et parlons d'autre chose.

— Elle est donc dans mes griffes, dit des Lupeaulx en remontant chez lui pour faire une toilette du matin.

## TROISIÈME PARTIE.

## A QUI LA PLACE.

# CHAPITRE VII.

## SCÈNE DE MÉNAGE.

Les ménages parisiens sont dévorés par le besoin de se mettre en harmonie avec le luxe qui les environne de toutes parts, aussi en est-il peu qui aient la sagesse de conformer leur situation extérieure à leur budget intérieur. Mais ce vice tient peut-être à un patriotisme tout français et qui a pour but de conserver à la France sa suprématie en fait de costume. La France règne par le vêtement sur toute l'Europe, et chacun sent la nécessité de garder un sceptre commercial qui fait de la mode en France ce qu'est la marine en Angleterre. Cette patriotique fureur qui porte tout à sacrifier *au paroistre*, comme disait d'Aubigné sous Henri IV, est cause de travaux secrets et immenses qui prennent toute la matinée des femmes parisiennes, quand elles veulent, ainsi que le voulait madame Rabourdin, tenir avec douze mille livres de rente le train que beaucoup de riches ne se donnent pas avec trente mille.

Ainsi, les vendredis, jours de dîner, madame Rabourdin aidait la femme de chambre à faire les appartemens; car la cuisinière allait de bonne heure à la Halle, et le domestique nettoyait l'argenterie, façonnait les serviettes, brossait les cristaux. Le mal avisé qui, par une distraction de la portière, serait monté vers onze heures ou midi chez madame Rabourdin, l'eût trouvée, au milieu du désordre le moins pittoresque, en robe de chambre, les pieds dans de vieilles pantoufles, mal coiffée, arrangeant elle-même ses lampes, disposant elle-même ses jardinières ou se cuisinant à la hâte un déjeûner peu poétique. Le visiteur à qui les mystères de la vie parisienne auraient été inconnus eût certes appris à ne pas mettre le pied dans les coulisses du théâtre. Bientôt signalé comme un homme capable des plus grandes noirceurs, la femme surprise dans ses mystères du matin aurait parlé de sa bêtise et de son indiscrétion de manière à le ruiner. La Parisienne, si indulgente pour les curiosités qui lui profitent, est implacable pour celles qui lui font perdre ses prestiges. Aussi une pareille invasion domiciliaire n'est-elle pas, comme dit la police correctionnelle, une attaque à la pudeur, mais un vol avec effraction, le vol de ce qu'il y a de plus précieux, *le cré-*

dit ! Une femme se laisse volontiers surprendre peu vêtue, les cheveux tombans; quand tous ses cheveux sont à elle, elle y gagne; mais elle ne veut pas se laisser voir faisant elle-même son appartement, elle y perd *son paroistre.*

Madame Rabourdin était dans tous les apprêts de son vendredi, au milieu des provisions pêchées par sa cuisinière dans l'océan de la Halle, alors que M. des Lupeaulx se rendait sournoisement chez elle. Certes, il était bien le dernier que la belle Rabourdin attendit. Aussi, en entendant craquer ses bottes sur le palier, s'écria-t-elle : — Déjà le coiffeur !

Exclamation aussi peu agréable pour des Lupeaulx que la vue de des Lupeaulx le fut pour elle. Elle se sauva dans sa chambre à coucher où régnait un effroyable gâchis de meubles qui ne veulent pas être vus, de choses hétérogènes en fait d'élégance, un vrai mardi-gras domestique. L'effronté des Lupeaulx la suivit, tant il la trouva piquante dans son déshabillé. Ses yeux avaient je ne sais quoi d'alléchant! la chair, vue par un hiatus de camisole, semblait mille fois plus attrayante que quand elle se bombait gracieusement depuis la ligne circulaire tracée sur le dos par le surjet du velours, jusqu'aux rondeurs fuyantes du plus joli col de cygne où jamais un amant ait posé son baiser avant le bal. L'œil errant sur une femme parée qui montre une magnifique poitrine croit voir le dessert monté de quelque beau dîner ; mais le regard qui se coule entre l'étoffe froissée par le sommeil embrasse des coins friands, et s'en régale comme on dévore un fruit volé qui rougit entre deux feuilles, sur l'espalier.

— Attendez, attendez ! cria-t-elle en verrouillant son désordre, et sonnant Thérèse, sa fille, la cuisinière, le domestique, implorant un schall et souhaitant le coup de sifflet du machiniste à l'Opéra.

Et le coup de sifflet partit. Et en un tour de main, autre phénomène! la chambre prit un air de matin fort piquant en harmonie avec une toilette subitement combinée, pour la plus grande gloire de cette femme évidemment supérieure en ceci.

— Vous, dit-elle. Et à cette heure! Que se passe-t-il donc?

— Les choses les plus graves du monde, répondit des Lupeaulx. Il s'agit aujourd'hui de bien nous comprendre.

Célestine regarda cet homme à travers ses lunettes et comprit.

— Mon principal vice, répondit-elle, est d'être prodigieusement fantasque, ainsi je ne mêle pas mes affections à la politique; parlons politique, affaires, et nous verrons après. Ce n'est pas, d'ailleurs, une fantaisie, mais une conséquence de mon goût d'artiste qui me défend de faire hurler les couleurs, d'allier des choses disparates, et m'ordonne d'éviter les dissonnances. Nous avons notre politique aussi !

Déjà le son de la voix, la gentillesse des manières avaient produit leur effet et métamorphosé la brutalité du secrétaire-général en courtoisie sentimentale. Elle l'avait rappelé à ses obligations d'amant. Une jolie femme habile se fait comme une atmosphère où les nerfs se détendent, et où les sentimens s'adoucissent.

— Vous ignorez ce qui se passe, reprit brutalement des Lupeaulx, car il tenait à se montrer brutal. Lisez !

Et il offrit à la gracieuse Rabourdin les deux journaux où il avait entouré chaque article en encre rouge.

En lisant, le schall se décroisa sans que Célestine s'en aperçût ou par l'effet d'une volonté bien déguisée. Des Lupeaulx ne garda pas plus qu'elle son sang-froid, car il était à l'âge où la force des fantaisies est en raison de leur rapidité.

— Comment, dit-elle, mais c'est affreux ! Qu'est-ce que ce Baudoyer ?

—Un baudet, fit des Lupeaulx. Mais vous le voyez! il porte des reliques, et arrivera conduit par la main habile qui tient la bride.

Le souvenir de ses dettes passa devant les yeux de madame Rabourdin, et l'éblouit comme si elle eût vu deux éclairs consécutifs. Ses oreilles tintèrent à coups redoublés sous la pression du sang qui battait dans ses artères; elle resta tout hébétée, regardant une patère sans la voir.

— Mais vous nous êtes fidèle! dit-elle à des Lupeaulx en le regardant de manière à se l'attacher.

— C'est selon, fit-il en répondant à son regard par un coup-d'œil inquisitif qui fit rougir le blanc des yeux de cette pauvre femme.

— S'il vous faut des arrhes, vous perdriez tout le prix, dit-elle en riant. Je vous faisais plus grand que vous ne l'êtes. Et vous, vous me croyez bien petite, bien pensionnaire.

— Vous ne m'avez pas compris, reprit-il d'un air fin. Je voulais dire que je ne pouvais pas servir un homme qui joue contre moi, comme l'Étourdi contre Mascarille.

— Que signifie ceci?

— Voici qui vous prouvera que je suis grand.

Et il présenta à madame Rabourdin l'état volé par Dutocq, en le lui offrant à l'endroit où son mari l'avait analysé si savamment.

— Lisez!

Célestine reconnut l'écriture, lut, et pâlit sous ce coup d'assommoir.

— Toutes les administrations y sont, dit des Lupeaulx.

— Mais heureusement, dit-elle, vous seul possédez ce travail que je ne puis m'expliquer.

— Celui qui l'a volé n'est pas si niais que de ne pas en avoir un double, il est trop menteur pour l'avouer et trop intelligent dans son métier pour le livrer, je n'ai même pas tenté d'en parler.

— Qui est-ce?

— Votre commis principal.

— Dutocq. On n'est jamais puni que de ses bienfaits ! Mais, reprit-elle, c'est un chien qui veut un os.

— Savez-vous ce qu'on veut m'offrir à moi, pauvre diable de secrétaire-général ?

— Quoi !

— Je dois trente et quelques malheureux mille francs, vous allez prendre une bien méchante opinion de moi en sachant que je ne dois pas davantage ; mais enfin en cela je suis petit ! Eh bien, l'oncle de Baudoyer vient d'acheter mes créances et sans doute se dispose à m'en rendre les titres.

— Mais c'est infernal, tout cela.

— Du tout, c'est monarchique et religieux, car la grande-aumônerie s'en mêle....

— Que ferez-vous ?

— Que m'ordonnez-vous de faire ? dit-il avec une grâce adorable en lui tendant la main.

Célestine ne le trouva plus ni laid, ni vieux, ni poudré à frimas, ni secrétaire-général, ni quoi que ce soit d'immonde; mais elle ne lui donna pas la main : le soir dans son salon elle la lui aurait laissé prendre cent fois; mais le matin et seule, le geste constituait une promesse un peu trop positive, et pouvait mener loin.

— Et l'on dit que les hommes d'état n'ont pas de cœur! s'écria-t-elle en voulant compenser la dureté du refus par la grâce de la parole. Cela m'effrayait, ajouta-t-elle en prenant l'air le plus innocent du monde.

— Quelle calomnie! répondit des Lupeaulx, un des plus immobiles diplomates et qui garde le pouvoir depuis qu'il est né, vient d'épouser la fille d'une actrice, et de la faire recevoir à la cour la plus ferrée sur les quartiers de noblesse?

— Et vous nous soutiendrez.

— Je fais le travail des nominations. Mais pas de tricherie!

Elle lui tendit sa main à baiser et lui donna un petit soufflet sur la joue.

— Vous êtes à moi, dit-elle.

Des Lupeaulx admira ce mot. Le soir à l'Opéra, le fat le raconta de cette manière : « Une femme ne voulant pas dire à un homme qu'elle était à lui, aveu qu'une femme comme il faut ne fait jamais, lui a dit : — Vous êtes à moi. Comment trouvez-vous le détour ? »

— Mais soyez mon alliée, reprit-il. Votre mari a parlé au ministre d'un plan d'administration auquel se rattache l'état dans lequel je suis si bien traité ; sachez-le, dites-le moi ce soir.

— Ce sera fait, dit-elle sans voir grande importance à ce qui avait amené des Lupeaulx chez elle.

Madame, le coiffeur.

— Il s'est bien fait attendre, pensa Célestine. Je ne sais pas comment je m'en serais tirée, s'il avait tardé.

— Vous ne savez pas jusqu'où va mon dévouement, lui dit des Lupeaulx en se levant.

Vous serez invitée à la première soirée particulière de la femme du ministre...

— Ah, vous êtes un ange, dit-elle. Et je vois maintenant combien vous m'aimez : vous m'aimez avec intelligence.

— Ce soir, chère enfant, reprit-il, j'irai savoir à l'Opéra quels sont les diables qui conspirent pour Baudoyer, et nous mesurerons nos griffes.

— Oui, mais vous dînez ici, n'est-ce pas? j'ai fait trouver les choses que vous aimez.

—Tout cela cependant ressemble tant à l'amour, qu'il serait doux d'être long-temps trompé ainsi se dit des Lupeaulx en descendant les escaliers. Mais si elle se moque de moi, je le saurai! Je lui prépare le plus habile de tous les piéges avant la signature, afin de pouvoir lire dans son cœur. Mes petites chattes, nous vous connaissons! car après tout, les femmes sont tout ce que nous sommes! Vingt-huit ans et vertueuse, et ici, rue Duphot! c'est un bonheur bien rare, qui vaut la peine d'être cultivé.

Le papillon éligible sautillait par les escaliers.

— Mon Dieu, cet homme-là, sans ses lunettes, poudré, doit être bien drôle en robe de chambre, se disait Célestine. Il a le harpon dans le dos, et me remorque enfin là où je voulais aller, chez le ministre. Il a joué son rôle dans ma comédie.

Quand, à cinq heures, Rabourdin rentra pour s'habiller, sa femme vint assister à sa toilette, et lui apporta cet état que, comme la pantoufle du conte des Mille et une Nuits, le pauvre homme devait rencontrer partout.

— Qui t'a remis cela, dit Rabourdin stupéfait.

— M. des Lupeaulx!

— Il est venu! demanda Rabourdin en jetant à sa femme un de ces regards qui certes auraient fait pâlir une coupable, mais qui trouva un front de marbre et un œil rieur.

— Et il reviendra dîner, répondit-elle. Pourquoi votre air effarouché?

— Ma chère, dit Rabourdin, des Lupeaulx est mortellement offensé par moi; ces gens-là ne pardonnent pas, et il me caresse! Crois-tu que je ne voie pas pourquoi?

— Cet homme, reprit-elle, me paraît avoir un goût très-délicat, je ne puis le blâmer, car je ne sais rien de plus flatteur pour une femme que de réveiller un palais blasé. Après...

— Trêve de plaisanterie, Célestine! Epargne un homme accablé. Je ne puis rencontrer le ministre, et mon honneur est au jeu.

— Mon Dieu, non. Dutocq aura la promesse d'une place, et tu seras nommé chef de division.

— Je te devine, chère enfant, dit Rabourdin; mais le jeu que tu joues est aussi déshonorant que la réalité. Le mensonge est le mensonge, et une honnête femme........

— Laisse-moi donc me servir des armes employées contre nous.

— Célestine, plus cet homme se verra sottement pris au piége, plus il s'acharnera sur moi.

— Et si je le renverse !

Rabourdin regarda sa femme avec étonnement.

— Je ne pense qu'à ton élévation, et il était temps, mon pauvre ami!..Mais tu prends le chien de chasse pour le gibier, reprit-elle après une pause. Dans quelques jours des Lupeaulx aura très-bien accompli sa mission. Pendant que tu cherches à parler au ministre, et avant que tu ne puisses le voir, moi je lui aurai parlé. Tu as sué sang et eau pour enfanter un plan que tu me cachais, et en trois mois ta femme aura fait plus d'ouvrage que toi en six ans. Dis-moi ton beau système ?

Rabourdin, tout en se faisant la barbe et après avoir obtenu de sa femme de ne pas dire un seul mot de ses travaux, en la prévenant que confier une seule idée à des Lupeaulx, c'était mettre le chat à même la jatte de lait, commença l'explication de ses travaux.

— Comment, Rabourdin, ne m'as-tu parlé de cela? dit Célestine en coupant la parole à son mari dès la cinquième phrase. Mais tu te serais épargné des peines inutiles. Que l'on soit aveuglé pendant un moment par une idée, je le conçois ; mais pendant six ou sept ans, voilà ce que je ne conçois pas. Tu veux réduire le budget, c'est l'idée vulgaire et bourgeoise! Mais il faudrait arriver à un budget de deux milliards, la France serait deux fois plus grande. Un système neuf, ce serait de tout faire mouvoir par l'emprunt. Le trésor le plus pauvre est celui qui se trouve plein d'écus sans emploi; la mission d'un ministère des finances est de jeter l'argent par les fenêtres, il lui rentre par ses caves, et tu veux lui faire entasser des trésors! Mais il faut multiplier les emplois au lieu de les réduire. Au lieu de rembourser les rentes, il faut multiplier les rentiers. Si les Bourbons veulent régner en paix, ils doivent créer des rentiers dans les dernières bourgades, et surtout ne pas laisser les étrangers toucher des intérêts en France, car ils nous en demanderont un jour le capital; tandis que si toute la rente est en France, ni la France ni le crédit ne périront. Voilà ce qui a sauvé l'Angleterre. Ton plan est un plan de petite bourgeoise. Un homme ambitieux n'aurait dû se présenter devant le ministère qu'en recommençant Law sans ses chances mauvaises, en expliquant la puissance du crédit, en démontrant comme quoi nous ne devons pas amortir le capital, mais les intérêts, comme font les Anglais...

— Allons Célestine, dit Rabourdin, mêle toutes les idées ensemble, contrarie-les; amuse-t-en comme de joujoux! je suis habitué à cela. Mais ne critique pas un travail que tu ne connais pas encore.

—Ai-je besoin, dit-elle, de connaître un plan dont l'esprit est d'administrer la France avec six mille employés au lieu de vingt mille? Mais, mon ami, fût-ce un plan d'homme de génie, un roi de France se ferait détrôner en voulant l'exécuter. On soumet une aristocratie féodale en abattant quelques têtes, mais on ne soumet pas une hydre à mille pattes. Non, l'on n'écrase pas les petits, ils sont trop plats sous le pied. Et c'est avec les ministres actuels, entre nous de pauvres sires, que tu veux remuer ainsi les hommes? Mais on remue les intérêts, et l'on ne remue pas les hommes : ils crient trop; tandis que les écus sont muets.

—Mais Célestine, si tu parles toujours, et si tu fais de l'esprit à côté de la question, nous ne nous entendrons jamais...

— Ah ! je comprends à quoi mène l'état où tu as classé les capacités administratives, reprit-elle sans avoir écouté son mari. Mon Dieu, mais tu as aiguisé toi-même le couperet pour te faire trancher la tête. Sainte-Vierge! pourquoi ne m'astu pas consultée, au moins, je t'aurais empêché d'écrire une seule ligne, ou tout au moins, si tu avais voulu faire ce mémoire, je l'aurais copié moi-même, et il ne serait jamais sorti d'ici... Pourquoi, mon Dieu, ne m'avoir rien dit. Voilà les hommes! ils sont capables de dormir auprès d'une femme en gardant un secret pendant sept ans! Se cacher d'une pauvre femme pendant sept années, douter de son dévouement? Horreur!

— Mais, dit Rabourdin impatienté, voici onze ans que je n'ai jamais pu discuter avec toi sans que tu me coupes la parole et sans que tu me substitues aussitôt tes idées aux miennes... Tu ne sais rien de mon travail.

— Rien! je sais tout!

— Dis-le moi donc? s'écria Rabourdin impatienté pour la première fois depuis son mariage.

— Tiens, il est six heures et demie, fais ta barbe, habille-toi, répondit-elle comme répondent toutes les femmes quand on les presse sur un point où elles doivent se taire. Je vais achever ma toilette, et nous ajournerons la discussion, car je ne veux pas être agacée le jour où je reçois. Mon Dieu, le pauvre homme! dit-elle en sortant, travailler sept ans pour accoucher de sa mort! Et se défier de sa femme!

Elle rentra.

— Si tu m'avais écoutée dans le temps, tu n'aurais pas intercédé pour conserver ton commis principal, et il a sans doute une copie autographiée de ce maudit état! Adieu, homme d'esprit!

Elle vit son mari dans une si tragique attitude de douleur, qu'elle comprit avoir été trop loin, elle courut à lui, le saisit tout barbouillé de savon, et l'embrassa tendrement.

— Cher Xavier, ne te fâche pas, lui dit-elle, ce soir, nous étudierons le plan, et tu parleras à ton aise, j'écouterai bien. Je ne demande pas mieux que d'être la femme de Mahomet?

Elle se mit à rire. Rabourdin ne put s'empêcher de rire aussi, car elle avait de la mousse blanche aux lèvres, et sa voix avait déployé les trésors de la plus pure et de la plus solide affection.

— Va t'habiller, mon enfant, et surtout ne dis rien à des Lupeaulx, jure-le moi? voilà la seule pénitence que je t'impose.

— *Impose*, dit-elle, je ne jure rien !

— Allons, Célestine, j'ai dit en riant une chose sérieuse.

— Ce soir, répondit-elle, ton secrétaire-général saura qui nous avons à combattre, et moi, je sais qui attaquer.

— Qui? dit Rabourdin.

— Le ministre, répondit-elle en se grandissant de deux pieds.

Malgré la grace amoureuse de sa chère Célestine, Rabourdin, en s'habillant, ne put empêcher quelques douloureuses pensées d'obscurcir son front.

— Quand saura-t-elle m'apprécier, se disait-il ! Elle n'a pas même compris qu'elle seule était la cause de tout ce travail ? Quel brise-raison, et quelle intelligence ! Si je ne m'étais pas marié, je serais déjà bien haut et bien riche ! J'aurais économisé cinq mille francs par an sur mes appointemens. En les employant bien, j'aurais aujourd'hui dix mille livres de rente en dehors de ma place, je serais garçon et j'aurais la chance de devenir par un mariage..... Oui, reprit-il en s'interrompant, mais j'ai Célestine et mes deux enfans.

Il se rejeta sur son bonheur. Dans le plus heureux ménage, il y a toujours des momens de regret. Il vint au salon et contempla son appartement.

Il n'y a pas dans Paris deux femmes qui s'entendent à la vie comme elle. Avec douze mille livres de rente faire tout cela ! dit-il en regardant les jardinières pleines de fleurs, et songeant aux jouissances de vanité que le monde allait lui donner. Elle était faite pour être la femme d'un ministre. Quand je pense que celle du mien ne lui sert à rien ; elle a l'air d'une bonne grosse bourgeoise, et quand elle se trouve au château, dans les salons....

Il se pinça les lèvres. Les hommes très-occupés ont des idées si fausses en ménage, qu'on peut également leur faire croire qu'avec cent mille francs on n'a rien, et qu'avec douze mille francs on a tout. Quoique très-impatiemment attendu, malgré les flatteries préparées pour ses appétits de gourmet émérite, des Lupeaulx ne vint pas dîner, il ne se montra que très-tard dans la soirée, à minuit, heure à laquelle la causerie devient, dans tous les salons, plus intime et confidentielle. Andoche Finot le journaliste était resté.

— Je sais tout, dit des Lupeaulx quand il fut bien assis sur la causeuse au coin du feu, sa tasse de thé à la main, madame Rabourdin debout devant lui, tenant une assiette pleine de sandwiches et de tranches d'un gâteau bien justement nommé *gâteau de plomb*. Finot, mon cher et spirituel ami, vous pourrez rendre service à notre gracieuse reine en lâchant quelques chiens après des hommes de qui nous causerons. Vous avez contre vous, dit-il à M. Rabourdin, en baissant la voix pour n'être entendu que des trois personnes auxquelles il s'adressait, des usuriers et le clergé, l'argent et l'Eglise. L'article du journal libéral a été demandé par un vieil escompteur à qui l'on avait des obligations, mais le petit bonhomme qui l'a fait s'en soucie peu. La rédaction en chef de ce journal change dans trois jours, et nous reviendrons là-dessus. L'opposition royaliste, car nous avons, grâce à M. de Châteaubriand, une opposition royaliste, c'est-à-dire qu'il y a des royalistes qui passent aux libéraux, mais ne faisons pas de haute politique. Ces assassins de Charles X m'ont promis leur appui, en mettant votre nomination pour prix à leur approbation de la loi proposée par le ministre. Toutes mes batteries sont dressées. Si l'on nous impose Baudoyer, nous dirons : « Tel et tel journal, et messieurs *tels et tels* attaqueront votre projet favori, ainsi toute la presse sera contre, (car les journaux ministériels que je tiens seront sourds et muets, ils n'auront pas de peine à l'être, ils le sont assez, n'est-ce pas Finot?) Nommez Rabourdin, et vous aurez l'opinion pour vous. » Pauvres Bonifaces de gens de province qui se carrent dans leurs fauteuils au coin du feu, très-heureux de l'indépendance des organes de l'opinion, ah! ah!

— Hi, hi, hi! fit Andoche Finot.

— Ainsi, soyez tranquille, dit des Lupeaulx. J'ai tout arrangé ce soir. La grande-aumônerie pliera.

— J'aurais mieux aimé perdre tout espoir et vous avoir à dîner, lui dit Célestine à l'oreille en le regardant d'un air fâché.

— Voici qui m'obtiendra ma grâce, reprit-il en lui remettant une invitation pour la soirée de mardi.

Elle l'ouvrit, et le plaisir le plus rouge anima ses traits. Aucune jouissance ne peut se comparer à celle de la vanité triomphante.

—Vous savez ce qu'est la soirée du mardi, reprit des Lupeaulx en prenant un air mystérieux ; c'est dans notre ministère comme le Petit-Château à la cour. Vous serez au cœur du pouvoir ! Il y aura la comtesse, qui est toujours en faveur malgré la mort de Louis XVIII, son cher vicomte, la petite madame Walsham, la marquise d'Espard, votre chère Firmiani, que j'ai priée afin que vous trouviez un appui dans le cas où les femmes vous *blakbolleraient*. Je veux vous voir au milieu de ce monde-là.

Célestine hochait la tête comme un *pur sang* avant la course, et relisait l'invitation comme Baudoyer et Saillard avaient relu leurs articles dans les journaux, sans pouvoir s'en rassasier.

— Là d'abord, et un jour aux Tuileries, dit-elle à des Lupeaulx.

Des Lupeaulx fut effrayé du mot et de l'attitude, tant ils exprimaient d'ambition et de sécurité.

— Ne serais-je qu'un marche-pied? se dit-il.

Il se leva, s'en alla dans la chambre à coucher de madame Rabourdin, et y fut suivi par elle, car elle avait compris à un geste du secrétaire-général qu'il voulait lui parler en secret.

— Hé bien! le plan? dit-il.

— Bah! des bêtises d'honnête homme! Il veut supprimer quinze mille employés et n'en garder que cinq ou six mille, vous n'avez pas idée d'une monstruosité pareille, je vous ferai lire son mémoire quand la copie en sera terminée. Il est de bonne foi. Son catalogue analytique des employés a été dicté par la pensée la plus vertueuse. Pauvre cher homme!

Des Lupeaulx fut d'autant plus rassuré par le rire vrai qui accompagnait ces railleuses et méprisantes paroles, qu'il se connaissait en mensonges, et que pour le moment Célestine était de bonne foi.

— Mais enfin, le fond de tout cela, demanda-t-il.

— Hé bien, il veut supprimer la contribution foncière en la remplaçant par des impôts de consommation.

— Mais il y a déjà un an qu'Ouvrard a proposé un plan à peu près semblable, et le ministre des finances médite de dégrever l'impôt foncier.

— Là, quand je lui disais que ce n'était pas neuf ! s'écria Célestine en riant.

— Oui, mais s'il s'est rencontré avec le plus grand financier de l'époque, un homme qui, je vous le dis entre nous, est le Napoléon de la finance ; il doit y avoir au moins quelques idées dans ses moyens d'exécution.

— Tout est vulgaire, fit-elle en imprimant à ses lèvres une moue dédaigneuse. Songez donc qu'il veut gouverner et administrer la France avec cinq ou six mille employés, tandis qu'il faudrait au contraire qu'il n'y eût pas en France une seule personne qui ne fût intéressée au maintien de la monarchie.

Des Lupeaulx parut satisfait de trouver un homme médiocre dans l'homme auquel il accordait des talens supérieurs.

— Etes-vous bien sûr de la nomination? Voulez-vous un conseil de femme? lui dit-elle.

— Elles s'entendent mieux que nous en trahisons élégantes, fit des Lupeaulx en hochant la tête.

—Hé bien! dites *Baudoyer* à la cour et à la grande-aumônerie, pour leur ôter tout soupçon et les endormir; mais au dernier moment, écrivez *Rabourdin*.

— Il y a des femmes qui disent *oui* tant qu'on a besoin d'un homme, et *non* quand il a joué son rôle, répondit des Lupeaulx.

—J'en connais, lui dit-elle en riant. Mais

elles sont bien sottes, car en politique, on se retrouve toujours; c'est bon avec les niais, et vous êtes un homme d'esprit. Selon moi, la plus grande faute que l'on puisse commettre dans la vie est de se brouiller avec un homme supérieur.

— Non, dit des Lupeaulx, car il pardonne. Il n'y a de danger qu'avec de petits esprits rancuneux qui n'ont pas autre chose à faire qu'à se venger.

Quand tout le monde fut parti, Rabourdin resta chez sa femme, et après avoir exigé pour une seule fois son attention, il put lui expliquer son plan en lui faisant comprendre qu'il ne restreignait point et augmentait au contraire le budget, en lui montrant à quels travaux s'employaient les deniers publics, en lui expliquant comment l'état décuplait le mouvement de l'argent en faisant entrer le sien pour un tiers ou pour un quart dans des dépenses qui seraient supportées par des intérêts privés ou de localité;

enfin il lui prouva que son plan était moins une
œuvre de théorie qu'une œuvre fertile en moyens
d'exécution. Célestine, enthousiasmée, sauta
au coup de son mari et s'assit au coin du feu sur
ses genoux.

— Enfin j'ai donc en toi le mari que je rêvais! dit-elle. L'ignorance où j'étais de ton mérite t'a sauvé des griffes de des Lupeaulx. Je t'ai calomnié merveilleusement et de bon cœur!

Cet homme pleura de bonheur. Il avait donc enfin son jour de triomphe. Après avoir tout entrepris pour plaire à sa femme, il était grand aux yeux de son seul public!

— Et, pour qui te connaît si bon, si doux, si égal de caractère, si aimant, tu es dix fois plus grand. Mais, dit-elle, un homme de génie est toujours plus ou moins enfant, et tu es un enfant, un enfant bien aimé.

Elle tira son invitation de l'endroit où les femmes mettent ce qu'elles veulent cacher, et la lui montra.

— Voilà ce que je voulais, dit-elle. Des Lupeaulx m'a mise en présence du ministre, et fût-il de bronze, cette Excellence sera pendant quelque temps mon serviteur.

## CHAPITRE VIII.

MADAME RABOURDIN PRÉSENTÉE.

Dès le lendemain, Célestine s'occupa de sa présentation au cercle intime du ministre. C'était sa grande journée, à elle! Jamais courtisane ne prit tant de soin d'elle-même que cette honnête femme en prit de sa personne. Jamais couturière ne fut plus tourmentée que la sienne, et jamais couturière ne comprit mieux l'importance de son art. Enfin, madame Rabourdin n'oublia rien. Elle alla elle-même chez un loueur de voitures, pour choisir un coupé qui ne fût ni vieux, ni bourgeois, ni insolent. Son domestique fut tenu, comme les domestiques de bonne maison, d'avoir l'air d'un maître. Puis, vers dix heures du soir, le fameux mardi, elle sortit dans une délicieuse toilette de deuil. Elle était coiffée avec des grappes de raisin en jais du plus beau travail, une parure de mille écus, commandée chez Fossin par une Anglaise partie sans la prendre. Les feuilles étaient en lames de fer estampé, légères comme de véritables feuilles de vigne, et l'artiste n'avait pas oublié ces vrilles si gracieuses, destinées à s'entortiller dans les boucles, comme elles s'accrochent à tout rameau. Les bracelets, le collier et les pendants d'oreilles étaient en fer dit de Berlin ; mais ces délicates arabesques venaient de Vienne, et semblaient avoir été faites par ces fées qui, dans les contes, sont chargées par quelque Carabosse jalouse d'amasser des yeux de fourmis, ou de filer des pièces de toile contenues dans une noisette. Sa taille amincie déjà par le noir avait été mise en relief par une robe d'une coupe étudiée, et qui s'arrêtait à l'épaule dans la courbure, sans épaulettes ; à chaque mouvement, il semblait que la femme, comme un papillon, allait sortir de son enveloppe, et néanmoins la robe tenait par une invention de la divine couturière. La robe était en mousseline de laine, étoffe que le fabricant n'avait pas encore envoyée à Paris, une divine étoffe qui plus tard eut un succès fou. Son pied, chaussé d'un bas à mailles fines et d'un soulier de satin turc, car le grand deuil excluait le satin de soie, avait une tournure supérieure. Célestine était bien belle ainsi. Son teint, ravivé par un bain au son, avait un éclat doux. Ses yeux, baignés par les ondes de l'espoir, étincelants d'esprit, attestaient cette supériorité dont parlait alors l'heureux et fier des Lupeaulx.

Elle fit bien son entrée, et les femmes sauront

apprécier le sens de cette phrase. Elle salua gracieusement la femme du ministre, en conciliant le respect qu'elle lui devait avec sa propre valeur à elle, et ne la choqua point tout en se posant dans sa majesté, car chaque belle femme est une reine. Aussi eut-elle avec le ministre cette jolie impertinence que les femmes peuvent se permettre avec les hommes, fussent-ils grands-ducs. Elle examina le terrain en s'asseyant, et se trouva dans une de ces soirées choisies, peu nombreuses, où les femmes peuvent se toiser, se bien apprécier, où la moindre parole retentit dans toutes les oreilles, où chaque regard porte coup, où la conversation est un duel avec témoins, où ce qui est médiocre devient plat, mais où tout mérite est accueilli silencieusement, comme étant au niveau de chaque esprit. Rabourdin avait été se confiner dans un salon voisin où l'on jouait, et il resta planté sur ses pieds à faire galerie, ce qui prouvait qu'il ne manquait pas d'esprit.

— Ma chère, dit la marquise d'Espard à la comtesse jadis en faveur, Paris est unique! il sort, sans qu'on s'y attende et sans qu'on sache d'où, des femmes comme celle-ci, qui semblent tout pouvoir et tout vouloir...

— Mais elle peut et veut tout, madame, dit des Lupeaulx en se rengorgeant.

En ce moment, la rusée Rabourdin courtisait la femme du ministre. Stylée, la veille, par des Lupeaulx, qui connaissait les endroits faibles de la comtesse, elle la caressait, sans avoir l'air d'y toucher. Puis elle garda le silence à propos, car des Lupeaulx, tout amoureux qu'il était, avait remarqué les défauts de cette femme, et lui avait dit la veille : *Surtout ne parlez pas trop!* Exorbitante preuve d'attachement, car si Bertrand Barrère a laissé ce sublime axiôme : — *N'interromps pas une femme qui danse pour lui donner un avis*, on peut y ajouter celui-ci : *Ne reproche pas à une femme de semer ses perles!* afin de rendre ce chapitre du code civil femelle complet. La conversation devint générale. De temps en temps, madame Rabourdin y mit la langue comme une chatte bien apprise met la patte sur les dentelles de sa maitresse, en veloutant ses griffes.

Comme cœur, le ministre avait peu de fantaisies. La Restauration n'en eut pas de plus fini sur l'article de la galanterie. L'opposition du *Miroir*, de la *Pandore*, du *Figaro* ne trouva pas le plus léger battement d'artère à lui reprocher. Sa maitresse était l'Etoile, et chose bizarre, elle lui fut fidèle dans le malheur, tant elle y avait gagné! Madame Rabourdin savait cela; mais elle savait aussi qu'il revient des esprits dans les vieux châteaux, elle s'était donc mis en tête de rendre le ministre jaloux du bonheur, encore sous bénéfice d'inventaire, dont paraissait jouir des Lupeaulx. En ce moment, des Lupeaulx se gargarisait avec le nom de Célestine. Pour la lancer, il se tuait à faire comprendre à la marquise d'Espard, à madame Walsham et à la comtesse, dans une conversation à huit oreilles, qu'elles devaient admettre madame Rabourdin dans leur coalition, et madame Firmiani l'appuyait. Au bout d'une heure, le ministre avait été fortement égratigné. L'esprit de madame Rabourdin lui plaisait ; elle avait séduit sa femme qui, tout enchantée de cette syrène, venait de l'inviter à venir quand elle le voudrait.

— Car, ma chère, avait dit la femme du ministre à Célestine, votre mari sera bientôt directeur : l'intention du ministre est de réunir deux divisions et d'en faire une direction, vous serez des nôtres.

L'Excellence emmena madame Rabourdin pour lui montrer une pièce de son appartement devenue célèbre par les prétendues profusions que l'opposition lui avait reprochées, et démontrer la niaiserie du journalisme. Il lui donna le bras.

— En vérité, madame, vous devriez bien nous faire la grâce, à la comtesse et à moi, de venir souvent...

Et il lui débita des galanteries de ministre.

— Mais, monseigneur, dit-elle en lui lançant un de ces regards que les femmes tiennent en réserve, il me semble que cela dépend de vous.

— Comment?

— Mais vous pouvez m'en donner le droit.

— Expliquez-vous?

— Non, je me suis dit en venant ici que je n'aurais pas le mauvais goût de faire la solliciteuse.

— Parlez ! les *placets* de ce genre ne sont pas *déplacés*, dit le ministre en riant, car il n'y a rien comme les bêtises de ce genre pour amuser ces hommes graves.

— Hé bien, il est ridicule à la femme d'un chef de bureau de paraître souvent ici, tandis que la femme d'un directeur n'y serait pas *déplacée*.

— Laissons cela, dit le ministre, votre mari est un homme indispensable, et il est nommé.

— Dites-vous votre vraie vérité?

— Voulez-vous venir voir sa nomination dans mon cabinet, le travail est fait.

— Eh bien! dit-elle en restant dans un coin seule avec le ministre dont l'empressement avait une vivacité suspecte, laissez-moi vous dire que je puis vous en récompenser...

Elle allait dévoiler le plan de son mari, lorsque des Lupeaulx, venu sur la pointe du pied, fit un : « *broum! broum!* » de colère qui annonçait qu'il ne voulait pas entendre ce qu'il avait écouté. Le ministre lança un regard plein de mauvaise humeur au vieux fat pris au piége. Impatient de sa conquête, des Lupeaulx avait pressé outre mesure le travail du personnel, l'avait remis au ministre, et voulait venir apporter le lendemain la nomination à celle qui passait pour sa maîtresse.

En ce moment, le valet de chambre du ministre se présenta d'un air mystérieux et dit à des Lupeaulx que son valet de chambre l'avait prié de lui remettre aussitôt cette lettre en le prévenant de sa haute importance. Le secrétaire-général alla près d'une lampe, et lut un mot ainsi conçu :

*Contre mon habitude, j'attends dans votre antichambre, et il n'y a pas un instant à perdre pour vous arranger avec*

*Votre serviteur,*

Le secrétaire-général frémit en reconnaissant cette signature. Il eût été dommage de ne pas la donner en autographe, car elle est rare sur la place, et doit être précieuse pour ceux qui cherchent à deviner le caractère des gens d'après la physionomie de leur signature. Si jamais image hiéroglyphique exprima quelque animal, assurément c'est ce nom où l'initiale et la finale figurent une vorace gueule de requin, insatiable, toujours ouverte, accrochant et dévorant tout, le fort et le faible. Il a été impossible de typographier l'écriture, elle est trop fine, trop menue et trop serrée, quoique nette; mais on peut l'imaginer, la phrase n'occupait qu'une ligne. L'avarice seule pouvait inspirer une phrase aussi insolemment impérative et aussi cruellement irréprochable, claire et muette, qui disait tout et ne trahissait rien. Gobseck vous serait inconnu, qu'à l'aspect de cette ligne qui vous faisait venir sans être un ordre, vous eussiez deviné l'implacable usurier de la rue des Grès. Aussi, comme un cerf-volant qui reçoit un violent coup de rappel, des Lupeaulx donna-t-il aussitôt de la tête, et s'en alla-t-il chez lui, songeant à toute sa position compromise. Figurez-vous un général en chef à qui son aide-de-camp vient dire : « Il arrive à l'ennemi trente mille hommes de troupes fraîches qui nous prennent à revers. »

Un seul mot éclaircira l'arrivée des sieurs Gigonnet et Gobsecq sur le champ de bataille, car ils étaient tous deux chez des Lupeaulx. A huit heures du soir, Martin Falleix, venu sur l'aile des vents en vertu de trois francs de guides et d'un postillon en avant, avait apporté les actes d'acquisition à la date de la veille. Aussitôt les contrats, portés au café Thémis par Mitral, avaient passé dans les mains des deux usuriers, qui s'étaient empressés de se rendre au ministère, mais à pied. Onze heures sonnaient. Des Lupeaulx tressaillit en voyant les deux sinistres figures émerillonnées par un regard aussi direct que la balle d'un pistolet, et brillant comme la flamme du coup.

— Hé bien ! qu'y a-t-il, mes maîtres ?

Les usuriers restèrent froids et immobiles. Gigonnet montra tour à tour ses dossiers et le valet de chambre.

— Passons dans mon cabinet, dit des Lupeaulx en renvoyant par un geste son valet de chambre.

— Vous entendez le français à ravir, dit Gigonnet.

— Venez-vous tourmenter un homme qui vous a fait gagner à chacun trois cent mille francs? dit-il en laissant échapper un mouvement de hauteur.

— Et qui nous en fera gagner encore, j'espère, dit Gigonnet.

— Une affaire! reprit des Lupeaulx. Si vous avez besoin de moi, j'ai de la mémoire.

— Et nous le vôtre, répondit Gobseck.

— On paiera mes dettes, dit dédaigneusement des Lupeaulx pour ne pas se laisser entamer.

— Vrai, dit Gobseck.

— Allons au fait, mon fils, dit Gigonnet. Ne vous posez pas comme ça dans votre cravate, avec nous c'est inutile. Prenez ces actes et lisez-les.

Les deux usuriers inventorièrent le cabinet de des Lupeaulx, pendant qu'il lisait avec étonnement et stupéfaction ces contrats qui lui semblaient jetés des nues par les anges.

— N'avez-vous pas en nous des hommes d'affaire intelligens ? dit Gigonnet.

— Mais à quoi dois-je une si habile coopération ? fit des Lupeaulx inquiet.

— Nous savions, il y a huit jours, ce que sans nous vous ne sauriez que demain. Monsieur de Grimaudan est forcé de donner sa démission.

Les yeux de des Lupeaulx se dilatèrent et devinrent grands comme des marguerites.

— Votre ministre vous jouait ce tour-là , dit le concis Gobseck.

— Vous êtes mes maîtres, dit le secrétaire-général en s'inclinant avec un profond respect, empreint de moquerie.

— Juste, dit Gobseck.

— Mais vous allez m'étrangler?

— Possible.

— Eh bien, à l'œuvre, bourreaux! reprit en souriant le secrétaire-général.

— Vous voyez, reprit Gobseck, vos créances sont inscrites avec l'argent prêté pour l'acquisition.

— Voici les titres, dit Gigonnet en tirant de la poche de sa redingote verdâtre des dossiers d'avoué.

— Vous avez trois ans pour rembourser le tout, dit Gobseck.

— Mais, dit des Lupeaulx effrayé de tant de complaisance et d'un arrangement aussi fantastique, que voulez-vous de moi?

— La place de La Billardière pour Baudoyer, dit vivement Gigonnet.

— C'est bien peu de chose, quoique j'aie

l'impossible à faire, répondit des Lupeaulx, je me suis lié les mains.

— Vous rongerez les cordes avec vos dents, dit Gobseck, elles sont pointues !

— Est-ce tout? dit des Lupeaulx.

— Nous gardons les pièces jusqu'à l'admission de ces créances-là, dit Gigonnet en mettant un état sous les yeux du secrétaire-général. Si elles ne sont pas reconnues par la commission dans six jours, vos noms sur cet acte seront remplacés par ceux d'un autre.

— Vous êtes habiles, s'écria le secrétaire-général.

— Juste, dit Gobseck.

— Voilà tout, fit des Lupeaulx.

— Oui.

— Est-ce fait? demanda Gigonnet.

Des Lupeaulx inclina la tête.

— Eh bien, signez cette procuration, dit Gobseck. Dans deux jours la nomination de Baudoyer, dans six les créances reconnues, et...

— Et quoi ! dit des Lupeaulx.

— Nous vous garantissons....

— Quoi ! fit des Lupeaulx de plus en plus étonné.

— Votre nomination, répondit Gigonnet en se grandissant sur ses ergots. Nous faisons la majorité avec cinquante-deux voix de fermiers et d'industriels qui obéiront à votre préteur.

Des Lupeaulx serra la main de Gigonnet.

— Il n'y a qu'entre nous que les malentendus sont impossibles, dit-il, voilà ce qui s'appelle des affaires! Aussi vous y mettrai-je la réjouissance.

— Juste, dit Gobseck.

— Que sera-ce? demanda Gigonnet.

— La croix pour votre imbécile de neveu.

— Bon, fit Gigonnet, vous le connaissez bien.

Ils se saluèrent, et des Lupeaulx les reconduisit jusque sur l'escalier.

— C'est donc les envoyés secrets de quelques puissances étrangères, se dirent les deux valets de chambre.

Dans la rue, les deux usuriers se regardèrent en riant, à la lueur d'un reverbère.

— Il nous devra neuf mille francs d'intérêt par an, et la terre en rapporte à peine cinq net, s'écria Gigonnet.

— Il est dans nos mains pour long-temps, dit Gobseck.

— Il bâtira, il fera des folies, répondit Gigonnet, Falleix achètera la terre.

— Son affaire est d'être député, le loup se moque du reste, dit Gobseck.

— Hé, hé !

— Hé, hé !

Ces petites exclamations sèches servaient de rire aux deux usuriers, qui se rendirent à pied au café Thémis.

Des Lupeaulx revint au salon et trouva madame Rabourdin faisant très-bien la roue, elle était charmante, et le ministre, ordinairement si triste, avait une figure déridée et gracieuse.

— Elle opère des miracles, se dit des Lupeaulx. Quelle femme précieuse ! il faut la pénétrer jusqu'au fond du cœur.

— Elle est décidément très-bien, votre petite dame, dit la marquise au secrétaire-général, il ne lui manque que votre nom.

— Oui, son seul tort est d'être la fille d'un commissaire-priseur, elle périra par le défaut de naissance, répondit des Lupeaulx d'un air froid qui contrastait avec la chaleur qu'il mettait à parler de madame Rabourdin un instant auparavant.

La marquise le regarda fixement.

— Vous leur avez jeté un coup d'œil qui ne m'a pas échappé, dit-elle en montrant le ministre et madame Rabourdin, il a percé le nuage de vos lunettes. Vous êtes amusans tous deux, à vous disputer cet os là.

Comme la marquise passait la porte, le ministre courut à elle et la reconduisit.

— Hé bien, dit des Lupeaulx à madame Rabourdin, que dites-vous de notre ministre?

— Il est charmant. Vraiment, répondit-elle en élevant la voix pour se faire entendre de la femme de l'Excellence, il faut les connaître pour les apprécier ces pauvres ministres : les petits journaux et les calomnies de l'opposition défigurent tant les hommes politiques que l'on finit par se laisser influencer ; mais ces préventions tournent à leur avantage quand on les voit.

— Il est très-bien, dit des Lupeaulx.

— Eh bien, je vous assure qu'on peut l'aimer, dit-elle avec bonhomio.

— Chère enfant, dit des Lupeaulx en prenant à son tour un air bonhomme et calin, vous avez fait la chose impossible.

— Quoi, dit-elle.

— Vous avez ressuscité un mort, je ne lui

croyais plus de cœur. Demandez à sa femme ? il en a juste de quoi défrayer une fantaisie. Mais profitez-en, venez par ici, ne soyez pas étonnée.

Il emmena madame Rabourdin dans le boudoir et s'assit avec elle sur le divan.

— Vous êtes une rusée, et je vous en aime davantage. Entre nous, vous êtes une femme supérieure. Des Lupeaulx vous a conduit ici, tout est dit, n'est-ce pas ? D'ailleurs, quand on se décide à aimer par intérêt, il vaut mieux prendre un sexagénaire ministre qu'un quadragénaire secrétaire-général : il y a plus de profit et moins d'ennuis. Je suis un homme à lunettes, à tête poudrée, usé par les plaisirs, le bel amour que cela ferait ! Oh ! je me suis dit cela ! S'il faut absolument accorder quelque chose à l'utile, je ne serai jamais l'agréable, n'est-ce pas ? Il faut être fou pour ne pas savoir raisonner sa position. Vous pouvez m'avouer la vérité, me montrer le fond de votre cœur, nous sommes deux associés et non pas deux amants. Si j'ai quelque caprice, vous êtes trop supérieure pour faire attention à de telles misères, et vous me les passerez ; autrement, vous auriez des idées de petite pensionnaire ou de bourgeoise de la rue Saint-Denis ! Bah ! nous sommes plus élevés que tout cela, vous et moi. Voilà la marquise d'Espard qui s'en va, croyez-vous qu'elle ne pense pas ainsi ? Nous nous sommes entendus ensemble il y a deux ans (le fat !), eh bien ! elle n'a qu'à m'écrire un mot, et il n'est pas long : *Mon cher des Lupeaulx, vous m'obligerez de faire telle ou telle chose !* C'est exécuté ponctuellement. Vous autres femmes, il ne vous en coûte que du plaisir pour avoir ce que vous voulez. Hé bien donc, enjuponnez le ministre, chère enfant, je vous y aiderai, c'est dans mon intérêt. Oui, je lui voudrais une femme qui l'influençât, il ne m'échapperait pas, il m'échappe quelquefois, et cela se conçoit : je ne le tiens que par sa raison, et en m'entendant avec une jolie femme, je le tiendrais par sa folie. Ainsi, restons bons amis, et partageons le crédit que vous aurez.

Madame Rabourdin écouta dans le plus profond étonnement cette singulière profession de rouerie. La naïveté du commerçant politique excluait toute idée de surprise.

— Croyez-vous qu'il ait fait attention à moi, lui demanda-t-elle prise au piége.

— Je le connais, j'en suis sûr.

— Est-il vrai que la nomination de Rabourdin soit signée ?

— Je lui ai remis le travail, ce matin. Mais ce n'est rien encore que d'être directeur, il faut être maître des requêtes....

— Oui, dit-elle.

— Eh bien, rentrez, coquetez avec l'Excellence.

— Vraiment, dit-elle, ce n'est que de ce soir que j'ai pu bien vous connaître. Vous n'avez rien de vulgaire.

— Ainsi donc, reprit des Lupeaulx, nous sommes deux vieux amis, et nous supprimons les airs tendres, l'amour ennuyeux pour entendre la question comme sous la Régence, où l'on avait beaucoup d'esprit.

— Vous êtes vraiment fort, et vous avez mon admiration, dit-elle en souriant et lui tendant la main. Vous saurez que l'on fait plus pour son ami que pour son.....

Elle n'acheva pas et rentra.

— Chère petite, se dit des Lupeaulx à lui-même en la regardant aborder le ministre, des Lupeaulx n'a plus de remords à se retourner contre toi! Demain soir, en m'offrant une tasse de thé, tu m'offriras ce dont je ne veux plus... Tout est dit! quand nous avons quarante ans, les femmes nous attrapent toujours, on ne peut plus être aimé.

Il rentra dans le salon après s'être toisé dans la glace et s'être reconnu pour un fort joli homme politique, mais pour un parfait invalide de Cythère. En ce moment, madame Rabourdin se résumait. Elle méditait de s'en aller et s'efforçait de laisser dans l'esprit de chacun une dernière et gracieuse impression, elle y réussit. Contre la coutume des salons, quand elle ne fut plus là, chacun s'écria : « La charmante femme ! »

Le ministre la reconduisit jusqu'à la dernière porte.

— Je suis bien sûr que demain vous penserez à moi ? dit-il au ménage en faisant ainsi allusion à la nomination.

— Il y a si peu de hauts fonctionnaires dont les femmes soient agréables, dit le ministre en rentrant, que je suis tout content de notre acquisition.

— Ne la trouvez-vous pas un peu envahissante ? dit des Lupeaulx d'un air piqué.

Les femmes échangèrent entre elles des regards expressifs. La rivalité du ministre et de son secrétaire-général les amusait. Alors eut lieu l'une de ces jolies mystifications auxquelles s'entendent si admirablement les femmes. Elles animèrent le ministre et des Lupeaulx en s'occupant de madame Rabourdin. L'une la trouvait apprêtée et visant à l'esprit ; l'autre comparait les grâces de la bourgeoisie aux manières de la grande compagnie. Des Lupeaulx défendit Célestine comme on défend ses ennemis dans les salons.

— Rendez-lui donc justice, mesdames ? n'est-il pas extraordinaire que la fille d'un commissaire-priseur soit aussi bien ! Voyez d'où elle est partie, et voyez où elle est ? elle ira aux Tuileries, elle en a la prétention, elle me l'a dit.

— Si elle est la fille d'un commissaire, dit la comtesse en souriant, en quoi cela peut-il nuire à l'avancement de son mari ?

— Par le temps qui court, n'est-ce pas ? dit la femme du ministre en se pinçant les lèvres.

— Madame, dit sévèrement le ministre à la comtesse, avec des mots pareils, que malheureusement la cour n'épargne à personne, on prépare des révolutions Vou s ne sauriez croire combien la conduite peu mesurée de l'aristocratie déplaît à certains personnages clairvoyans du château. Si j'étais grand seigneur, au lieu d'être un petit gentilhomme de province qui semble être mis où je suis pour faire vos affaires, la monarchie ne serait pas aussi mal assise que je la vois. Que devient un trône qui ne sait pas communiquer son éclat à ceux qui le représentent ? Nous sommes loin du temps où le Roi faisait grands par sa seule volonté, les Louvois, les Colbert, les Richelieu, les Jeannin, les Villeroy et les Sully... Oui, Sully, à son début, n'était pas plus que je ne suis. Je vous parle ainsi parce que nous sommes entre nous et que je serais, en effet, bien peu de chose si je me choquais d'une pareille misère. C'est à nous et non aux autres à nous rendre grands.

— Tu es nommé, mon cher, dit Célestine en serrant la main de son mari. Sans des Lupeaulx, j'eusse expliqué ton plan au ministre ; mais ce sera pour mardi prochain, et tu pourras ainsi devenir plus promptement maître des requêtes.

Dans la vie de toutes les femmes, il est un jour où elles ont brillé de tout leur éclat, et qui leur donne un éternel souvenir auquel elles reviennent complaisamment. Quand madame Rabourdin défit un à un les artifices de sa parure, elle récapitula sa soirée en la comptant parmi ses jours de gloire et de bonheur : toutes ses beautés avaient été jalousées, elle avait été vantée par la femme du ministre, heureuse de l'opposer à ses amies. Enfin toutes ses vanités avaient rayonné au profit de l'amour conjugal. Rabourdin était nommé !

— N'étais-je pas bien, ce soir ? dit-elle à son mari, comme si elle avait eu besoin de l'animer.

En ce moment Mitral, qui attendait au café Thémis les deux usuriers, les vit entrer et n'aperçut rien sur ces deux figures impassibles.

—Où en sommes-nous? leur dit-il quand ils furent attablés.

— Eh bien, comme toujours, dit Gigonnet.

— La victoire aux écus, répondit Gobseck.

Mitral prit un cabriolet, alla trouver les Saillard et les Baudoyer, chez qui le boston s'était prolongé; mais il ne restait plus que l'abbé Gaudron. Falleix, quasi mort de fatigue, était allé se coucher.

— Vous serez nommé, mon neveu, et l'on vous réserve une surprise.

— Quoi? dit Saillard.

— La croix! s'écria Mitral.

— Dieu protège ceux qui songent à ses autels! dit Gaudron.

On chantait ainsi le *Te Deum* dans les deux camps avec un égal bonheur.

# CHAPITRE IX.

## EN AVANT LES TARETS.

Le lendemain, mercredi, M. Rabourdin devait travailler avec le ministre, car il faisait l'intérim depuis la maladie de défunt La Billardière. Ces jours-là, les employés étaient fort exacts, les garçons de bureaux très-empressés, car les jours de signature tout est en l'air dans les bureaux, et pourquoi? personne ne le sait. Les trois garçons étaient donc à leur poste, et se flattaient d'avoir quelque gratification, car le bruit de la nomination de M. Rabourdin s'était répandu la veille par les soins de des Lupeaulx. L'oncle Antoine et l'huissier Laurent se trouvaient en grande tenue, quand, à huit heures moins un quart, le garçon du secrétariat vint prier Antoine de remettre en secret à M. Dutocq une lettre que le secrétaire-général lui avait dit d'aller porter chez le commis-principal à sept heures.

— Je ne sais pas comment cela s'est fait, mon vieux, j'ai dormi, dormi, que je ne fais que de me réveiller. Il me chanterait une gamme d'enfer s'il savait qu'elle n'est pas à son adresse, au lieu que, comme ça, je lui soutiendrai que je l'ai remise moi-même chez M. Dutocq. Un fameux secret, père Antoine, ne dites rien aux employés; parole, il me renverrait, je perdrais ma place pour un seul mot, a-t-il dit?

— Qu'est-ce qu'il y a donc dedans ? dit Antoine.

— Rien. Je l'ai regardée, comme ça, tenez.

Et il fit bâiller la lettre qui ne laissa voir que du blanc.

— C'est aujourd'hui le grand jour pour vous, Laurent, dit le garçon du secrétariat, vous allez avoir un nouveau directeur. Décidément on fait des économies, on réunit deux divisions en une direction, gare aux garçons !

— Oui, neuf employés mis à la retraite avec le père Clergeot, dit Dutocq qui arrivait. Comment savez-vous cela, vous autres ?

Antoine présenta la lettre à Dutocq, qui dégringola les escaliers et courut au secrétariat après l'avoir ouverte.

Depuis le jour de la mort de M. de La Billardière, après avoir bien bavardé, les deux bureaux Rabourdin et Baudoyer avaient fini par reprendre leur physionomie accoutumée et les habitudes du *dolce far niente* administratif.

Cependant la fin de l'année imprimait dans les bureaux une sorte d'application studieuse, de même qu'elle donne quelque chose de plus onctueusement servile aux portiers. Chacun venait à l'heure, on remarquait plus de monde après quatre heures, car la distribution des gratifications dépend des dernières impressions qu'on laisse de soi dans l'esprit des chefs.

La veille, la nouvelle de la réunion des deux divisions La Billardière et Clergeot en une direction, sous une dénomination nouvelle, avait agité les deux divisions. On savait le nombre des employés mis à la retraite, mais on ignorait leurs noms. On supposait bien que Poiret ne serait pas remplacé, on ferait l'économie de sa place. Le petit La Billardière s'en était allé ; deux nouveaux surnuméraires arrivaient ; et, circonstance effrayante ! ils étaient fils de députés. La nouvelle jetée la veille dans les bureaux, au moment où les employés partaient, avait imprimé la terreur dans les consciences.

Aussi, pendant la demi-heure d'arrivée, y eut-il des causeries autour des poêles. Avant que personne ne fût arrivé, Dutocq vit des Lupeaulx à sa toilette. Sans quitter son rasoir, le secrétaire-général lui jeta le coup-d'œil du général intimant un ordre.

— Sommes-nous seuls, lui dit-il.

— Oui, monsieur.

— Hé bien, marchez sur Rabourdin, en avant et ferme ! vous devez avoir gardé une copie de son état.

— Oui.

— Vous me comprenez : *Indè iræ !* Il nous faut un *tolle* général. Sachez inventer quelque chose pour activer les clameurs...

— Je puis faire faire une caricature, mais je n'ai pas cinq cents francs à donner....

— Qui la fera ?

— Bixiou !

— Il aura cinq cents francs, et sera sous-chef sous Dubruel, et vous sous Godard.

— Mais il ne me croira pas.

— Voulez-vous me compromettre par hasard ! Allez, ou sinon rien, entendez-vous ?

— Si M. Baudoyer est directeur, il pourrait prêter la somme...

— Oui, il le sera. Laissez-moi, dépêchez-vous, et n'ayez pas l'air de m'avoir vu, descendez par le petit escalier.

Pendant que Dutocq revenait au bureau le cœur palpitant de joie, en se demandant par quels moyens il exciterait la rumeur contre son chef sans trop se compromettre, Bixiou était entré chez les Rabourdin pour leur dire un petit bonjour. Croyant avoir perdu, le mystificateur trouva plaisant de se poser comme ayant gagné.

BIXIOU (*imitant la voix de Phellion*).

Messieurs, je vous salue, et vous dépose un bonjour collectif. J'indique dimanche prochain pour le dîner au rocher de Cancale ; mais une question grave se présente, les employés supprimés en sont-ils?

POIRET.

Même ceux qui prennent leur retraite.

BIXIOU.

Ça m'est égal, ce n'est pas moi qui paie (*stupéfaction générale*). Baudoyer est nommé, je voudrais déjà l'entendre appelant *Laurent!* (*Il copie Baudoyer*).

LAURENT SERREZ MA HAIRE, AVEC MA DISCIPLINE.

(*Tous pouffent de rire*).

Ris d'aboyeur d'oie! Colleville a raison avec ses anagrammes, car vous savez l'anagramme de *Xavier Rabourdin, chef de bureau*, c'est :

*D'abord rêva bureaux,*
*e, u, fin riche.*

Si je m'appelais *Charles X, par la grâce de Dieu, roi de France et de Navarre*, je tremblerais de voir le destin que me prophétise mon anagramme s'accomplir ainsi.

THUILLIER.

Ha, çà! vous voulez rire?

BIXIOU (*lui riant au nez*).

Ris au laid (riz au lait)! Il est joli celui-là, papa Thuillier, car vous n'êtes pas beau. Rabourdin donne sa démission de rage de savoir Baudoyer directeur.

VIMEUX (*entrant*).

Quelle farce! Antoine, à qui je rendais trente ou quarante francs, m'a dit que monsieur et madame Rabourdin avaient été reçus hier à la soirée particulière du ministre et y étaient restés jusqu'à minuit moins un quart. Son Excellence a reconduit madame Rabourdin jusque sur l'escalier, il paraît qu'elle était divinement mise. Enfin, il est certainement directeur. Riffé, l'expéditionnaire du personnel, a passé la nuit pour achever plus promptement le travail : ce n'est plus un mystère. M. Clergeot a sa retraite. Après trente ans de service, ce n'est pas une disgrâce. M. Cochin qui est riche...

### BIXIOU.

Selon Colleville, il fait *cochenille*.

### VIMEUX.

Mais il est dans la cochenille, car il est associé de la maison Matifat, rue des Lombards. Eh bien! il a sa retraite. Poiret a sa retraite. Tous deux ne sont pas remplacés. Voilà le positif, le reste n'est pas connu. La nomination de M. Rabourdin vient ce matin, on craint des intrigues.

### BIXIOU.

Quelles intrigues?

### FLEURY.

Baudoyer, parbleu! Le parti-prêtre l'appuie, et voilà un nouvel article du journal libéral : il n'a que deux lignes, mais il est drôle. (Il lit.)

*Quelques personnes parlaient hier au*

*foyer des Italiens de la rentrée de M. Châteaubriand au ministère, et se fondaient sur le choix que l'on a fait de M. Rabourdin, le protégé des amis du noble vicomte, pour remplir la place primitivement destinée à M. Baudoyer. Le parti-prêtre n'aura pu reculer que devant une transaction avec le grand écrivain.*

Canailles!

DUTOCQ (*entrant après avoir entendu*).

Qui canaille? Rabourdin. Vous savez donc la nouvelle?

FLEURY (*roulant des yeux féroces*).

Rabourdin une canaille! Êtes-vous fou, Dutocq, et voulez-vous une balle pour vous mettre du plomb dans la cervelle!

DUTOCQ.

Je n'ai rien dit contre M. Rabourdin, seulement on vient de me confier sous le secret dans la cour qu'il avait dénoncé beaucoup d'employés, donné des notes, enfin que sa faveur avait pour cause un travail sur les ministères où chacun de nous est enfoncé...

PHELLION (*d'une voix forte*).

M. Rabourdin est incapable....

BIXIOU.

C'est du propre! dites donc, Dutocq?

(*Ils se disent un mot à l'oreille et sortent dans le corridor.*)

BIXIOU.

Qu'est-ce qu'il arrive donc?

DUTOCQ.

Vous souvenez-vous de la caricature?

BIXIOU.

Oui, eh bien?

DUTOCQ.

Faites-la, vous êtes sous chef, et vous aurez une fameuse gratification. Voyez-vous, mon cher, il y a zizanie dans les régions supérieures.

Le ministère est engagé envers Rabourdin, mais s'il ne nomme pas Baudoyer, il se brouille avec le clergé. Vous ne savez pas? le Roi, le Dauphin et la Dauphine, la grande-aumônerie, enfin la Cour veut Baudoyer, le ministre veut Rabourdin.

BIXIOU.

Bon !...

DUTOCQ.

Pour pouvoir se rapprocher, car le ministre a vu la nécessité de céder, il veut tuer la difficulté. Il faut une cause pour se défaire de Rabourdin. On a donc déniché un ancien travail fait par lui sur les administrations pour les épurer, et il en circule quelque chose. Du moins, voilà comment j'essaie de m'expliquer la chose. Faites le dessin, vous entrez dans le jeu des sommités, vous servez à la fois le ministère, la cour, tout le monde et vous êtes nommé. Comprenez-vous?

BIXIOU.

Je ne comprends pas comment vous pouvez savoir tout cela, ou bien vous l'inventez.

DUTOCQ.

Voulez-vous que je vous montre votre article ?

BIXIOU.

Oui.

DUTOCQ.

Eh bien ! venez chez moi, car je veux remettre ce travail en des mains sûres.

BIXIOU.

Allez-y tout seul: (*Il rentre dans le bureau des Rabourdin.*) Il n'est question que de ce que vous a dit Dutocq, parole d'honneur. M. Rabourdin aurait donné des notes peu flatteuses sur les employés à réformer. Le secret de son élévation est là. Nous vivons dans un temps où rien n'étonne. (*Il se drape comme Talma.*)

> Vous avez vu tomber les plus illustres têtes,
> Et vous vous étonnez, insensés que vous êtes !

de trouver une cause de ce genre à la faveur d'un homme? Mon Baudoyer est trop bête pour réussir par des moyens semblables! Agréez mon compliment, Messieurs, vous êtes sous un illustre chef. (*Il sort.*)

### POIRET.

Je quitterai le ministère sans avoir jamais pu comprendre une seule phrase de ce Monsieur-là. Qu'est-ce qu'il veut dire avec ses têtes tombées?

### FLEURY.

Parbleu, les quatre sergents de la Rochelle, Berton, Ney, Caron, les frères Faucher, tous les massacres !

### PHELLION.

Il avance légèrement des choses hasardées.

FLEURY.

Dites donc qu'il ment, qu'il blague! et que dans sa gueule le vrai prend la tournure du vert-de-gris.

PHELLION.

Vos paroles sont hors la loi de la politesse et des égards que l'on se doit entre collègues.

VIMEUX.

Il me semble que si ce qu'il dit est faux, on nomme cela des calomnies, des diffamations, et qu'un diffamateur mérite des coups de cravache.

FLEURY (*s'animant*).

Et si les bureaux sont un endroit public, cela va droit en police correctionnelle.

PHELLION (*voulant éviter une querelle, essaie de détourner la conversation*).

Messieurs, du calme. Je travaille à un nouveau petit traité sur la morale, et j'en suis à l'ame.

FLEURY (*l'interrompant*).

Qu'en dites-vous, monsieur Phellion?

PHELLION (*lisant*)

D. *Qu'est-ce que l'ame de l'homme?*

R. *C'est une substance spirituelle qui pense et qui raisonne.*

FLEURY.

Une substance spirituelle, c'est comme si on disait un moellon immatériel.

POIRET.

Laissez donc dire....

PHELLION (*reprenant*).

D. *D'où vient l'ame?*

R. *Elle vient de Dieu, qui l'a créée d'une nature simple et indivisible, et dont par conséquent on ne peut concevoir la destructibilité, et il a dit...*

POIRET.

Dieu?

PHELLION.

Oui, Monsieur. La tradition est là.

FLEURY (*à Poiret*).

N'interrompez donc pas, vous-même!

PHELLION (*reprenant*).

*Et il a dit qu'il l'avait créée immortelle, c'est-à-dire qu'elle ne mourra jamais.*

D. *A quoi sert l'ame?*

R. *A comprendre, vouloir et se souvenir: ce qui constitue l'entendement, la volonté, la mémoire.*

D. *A quoi sert l'entendement?*

R. *A connaître. C'est l'œil de l'ame.*

THUILLIER.

Et l'ame est l'œil de quoi?

PHELLION (*continuant*).

D. *Que doit connaître l'entendement?*

R. *La vérité.*

D. *Pourquoi l'homme a-t-il une volonté?*

R. *Pour aimer le bien et haïr le mal.*
D. *Qu'est-ce que le bien?*
R. *Ce qui rend heureux.*

THUILLIER.

Et vous écrivez cela pour des demoiselles?

PHELLION.

Oui! (*Continuant.*)
D. *Combien y a-t-il de sortes de biens?*

FLEURY.

C'est prodigieusement leste!

PHELLION (*indigné*).

Oh! monsieur! (*Se calmant.*) Voici d'ailleurs la réponse. J'en suis là (*il lit*).

R. *Il y a deux sortes de biens, le bien éternel et le bien temporel.*

POIRET (*il fait une mine de mépris*).

Et cela se vendra beaucoup!

PHELLION.

J'ose l'espérer. Il faut une grande contention

d'esprit pour établir le système des demandes et des réponses, voilà pourquoi je vous priais de me laisser penser, car les réponses...

THUILLIER (*interrompant*).

Au reste, les réponses pourront se vendre à part...

POIRET.

Est-ce un calembourg?

THUILLIER.

Oui. On en fera de la salade (*de raiponses*).

PHELLION.

J'ai eu le tort grave de vous interrompre (*il se replonge la tête dans ses cartons*). Mais (*en lui-même*) ils ne pensent plus à M. Rabourdin.

En ce moment il se passait entre des Lupeaulx et le ministre une scène qui décida du sort de Rabourdin. Avant le déjeûner, le secrétaire-général était venu trouver l'excellence dans son cabinet, en s'assurant que la Brière ne pouvait rien entendre.

— Votre Excellence ne joue pas franchement avec moi...

— Nous voilà brouillés, pensa le ministre, parce que sa maîtresse m'a fait des coquetteries hier. ( *Haut.* ) Je vous croyais moins enfant, mon cher ami.

— Ami, reprit le secrétaire-général, je vais bien le savoir.

Le ministre regarda fièrement des Lupeaulx.

— Nous sommes entre nous, et nous pouvons nous expliquer. Le député de l'arrondissement où se trouve *ma terre* des Lupeaulx...

— C'est donc bien décidément une terre, dit en riant le ministre pour cacher sa surprise.

— Augmentée de deux cent mille francs d'acquisitions, reprit négligemment des Lupeaulx. Vous connaissiez la démission de ce député depuis dix jours, et vous ne m'avez point prévenu, vous ne le deviez pas. Mais vous saviez très-bien que je désire m'asseoir en plein centre. Avez-vous songé que je puis me rejeter dans la Doctrine qui vous dévorera vous et la monarchie, si l'on continue à laisser ce parti recruter les hommes d'un certain talent méconnus. Savez-vous qu'il n'y a pas dans une nation plus de cinquante ou soixante têtes dangereuses, et où l'esprit est en rapport avec l'ambition. Savoir gouverner, c'est connaître ces têtes-là pour les couper ou les acheter. Je ne sais pas si j'ai du talent, mais j'ai de l'ambition, et vous commettez la faute de ne pas vous entendre avec un homme qui ne vous veut que du bien. Le sacre éblouira un moment, mais après?... Après, la guerre des mots et des discussions recommencera, s'envenimera. Eh bien, pour ce qui vous concerne, ne me trouvez pas dans le centre gauche, croyez-moi? Malgré les manœuvres de votre préfet, à qui sans doute il est parvenu des instructions confidentielles contre moi, j'aurai la majorité. Le moment est venu de nous bien comprendre. Après un petit coup de Jarnac on devient quelquefois bons amis. Je serai nommé comte à propos du sacre, et l'on ne refusera pas à mes services le grand cordon de la Légion. Mais je tiens moins à ces deux points qu'à une chose où votre intérêt seul se trouve engagé.... Vous n'avez pas encore nommé Rabourdin, j'ai eu des nouvelles ce matin, vous satisferez bien du monde en nommant Baudoyer...

— Nommer Baudoyer, s'écria le ministre, vous le connaissez.

— Oui, dit des Lupeaulx, mais quand son incapacité sera prouvée, vous le destituerez en priant ses protecteurs de l'employer chez eux. Vous aurez ainsi pour vos amis une direction importante à donner, ce qui facilitera quelque transaction pour vous défaire de quelque ambitieux.

— Je lui ai promis...

— Oui, mais je ne vous demande pas de changer aujourd'hui même. Je sais le danger de dire oui et non dans la même journée. Remettez les nominations, vous pourrez les signer après-demain ; après-demain vous reconnaîtrez qu'il est impossible de conserver Rabourdin, de qui d'ailleurs, vous aurez reçu une belle et bonne démission.

— Sa démission !

— Oui.

— Pourquoi...

— Il est l'homme d'un pouvoir inconnu pour lequel il a fait l'espionnage en grand dans tous les ministères, et la chose a été découverte par une inadvertance, on en parle, les employés sont furieux. De grâce, ne travaillez pas aujourd'hui avec lui, laissez-moi trouver un biais pour vous en dispenser. Allez chez le Roi, je suis sûr que vous trouverez des personnes contentes de votre concession à propos de Baudoyer, vous obtiendrez quelque chose en échange. Puis, vous serez bien fort plus tard en le destituant, puisqu'on vous l'aura pour ainsi dire imposé.

— Qui vous a fait changer ainsi sur le compte de Rabourdin ?

— Aideriez-vous M. de Chateaubriand à faire un article contre le ministère ? Eh bien, voici comment Rabourdin me traite dans son état (*il donne sa note au ministre*). Il organise un gouvernement tout entier, sans doute au profit d'une société que nous ne connaissons pas. Je vais rester son ami pour le surveiller ; je crois que je rendrai quelque grand service qui me mènera à la pairie, car la pairie est le seul objet de mes désirs. Sachez-le bien, je ne veux ni ministère ni quoi que ce soit qui puisse vous contrarier, je vise à la pairie qui me permettra d'épouser la fille de quelque maison de banque avec deux cent mille livres de rente. Ainsi, laissez-moi vous rendre quelques grands services qui fassent dire au Roi que j'ai sauvé le trône. Il y a long-temps que je le dis : le libéralisme ne nous livrera plus de bataille rangée ; il a renoncé aux conspirations, au carbonarisme, aux prises d'armes, il mine en dessous et se prépare à un complet *Ote-toi de là que je m'y mette!* Croyez-vous que je me sois fait le courtisan de la femme d'un Rabourdin pour mon plaisir? non, j'avais des renseignemens! Ainsi deux choses aujourd'hui: l'ajournement des nominations, et votre coopération *sincère* à mon élection. Vous verrez si vers la fin de la session, je ne vous aurai pas largement payé ma dette.

Pour toute réponse, le ministre prit le travail du personnel et le tendit à des Lupeaulx.

— Je vais lui faire dire, reprit des Lupeaulx, que vous remettez le travail à samedi.

Le ministre consentit par un signe de tête. Le garçon du secrétariat traversa bientôt les cours et vint chez Rabourdin pour le prévenir que le travail était remis à samedi, jour où la chambre ne s'occupait que de pétitions et où le ministre avait toute sa journée. En ce moment même, Saillard glissait sa phrase à la femme du ministre, qui lui répondit avec dignité qu'elle ne se mêlait point d'affaires d'état et que d'ailleurs elle avait entendu dire que M. Rabourdin était nommé. Saillard épouvanté monta chez Baudoyer et trouva Dutocq, Godard et Bixiou, dans un état d'exaspération difficile à décrire, car ils parcouraient la terrible minute du travail de Rabourdin sur les employés.

BIXIOU (*en montrant du doigt un passage*).

Vous voilà père Saillard.

SAILLARD. *La caisse est à supprimer dans tous les ministères qui doivent avoir leurs comptes courans au trésor. Saillard est riche et n'a nul besoin de pension.*

Voulez-vous voir votre gendre? (*Il feuillette.*)

BAUDOYER. *Complètement incapable. Remercié sans pension, il est riche.*

Et l'ami Godard? (*Il feuillette.*)

GODARD. *A renvoyer! une pension du tiers de son traitement.*

Enfin nous y sommes tous. Moi je suis *un artiste à faire employer par la liste civile, à l'Opéra, aux Menus-Plaisirs, au Muséum. Beaucoup de capacité, peu de tenue, incapable d'application, esprit remuant.* Ah! je t'en donnerai de l'artiste !

SAILLARD.

C'est joli !

BIXIOU.

Que dit-il de notre mystérieux Desroys? (*Il feuillette et lit.*)

DESROYS. *Homme dangereux en ce qu'il est inébranlable en des principes contraires à tout pouvoir monarchique; fils de conventionnel, il admire la Convention et peut devenir un pernicieux publiciste.*

BAUDOYER.

La police n'est pas si habile !

GODARD.

Mais je vais au secrétariat-général porter une plainte en règle; il faut nous retirer tous en masse, si un pareil homme est nommé.

DUTOCQ.

Écoutez-moi, messieurs ! de la prudence. Si vous vous souleviez d'abord, nous serions accusés de vengeance et d'intérêt personnel ! Non, laissez courir le bruit tout doucement, et quand l'administration entière sera soulevée, vos démarches auront l'assentiment général.

BIXIOU.

Dutocq est dans les principes du grand air inventé par le sublime Rossini pour *Basilio*.

et qui prouve que ce grand compositeur est un homme politique! Ceci me semble juste et convenable. Je compte mettre ma carte chez M. Rabourdin demain matin, et je vais faire graver bixiou; puis comme titres au dessous : *Peu de tenue, incapable d'application, esprit remuant.*

### GODARD.

Bonne idée, messieurs. Faisons faire nos cartes, et que le Rabourdin les ait toutes demain matin.

### DAUBOYER.

M. Bixiou, chargez-vous de ce petit détail, et faites détruire les planches après qu'on en aura tiré une seule épreuve.

### DUTOCQ (*prenant à part Bixiou*).

Eh bien, voulez-vous dessiner la charge maintenant?

### BIXIOU.

Je comprends, mon cher, que vous êtes dans

le secret depuis dix jours. (*Il le regarde dans le blanc des yeux.*) Serai-je sous-chef?

DUTOCQ.

Ma parole d'honneur, et cinq cents francs de gratification, comme je vous l'ai dit. Vous ne savez pas quel service vous rendez à des gens puissans.

BIXIOU.

Vous les connaissez?

DUTOCQ.

Oui.

BIXIOU.

Eh bien, je veux leur parler.

DUTOCQ (*sèchement*).

Faites la charge ou ne la faites pas, vous serez sous-chef ou vous ne le serez pas.

BIXIOU.

Eh bien, voyons les cinq cents francs?

DUTOCQ.

Je vous les donnerai contre le dessin.

BIXIOU.

En avant. Il courra demain dans les bureaux. Allons donc *embéter* les Rabourdin. (*Parlant à Saillard, à Godard et à Baudoyer qui causent entre eux à voix basse.*) Nous allons aller travailler les voisins.

(*Il sort avec Dutocq et arrive au bureau Rabourdin. A son aspect, Fleury, Thuillier, Vimeux s'animent.*)

BIXIOU.

Eh bien, qu'avez-vous, messieurs? Ce que je vous ai dit est si vrai que vous pouvez aller voir les preuves d'une infâme délation chez le vertueux, l'honnête, l'estimable, probe et pieux M. Baudoyer, qui certes est incapable..... lui... au moins de faire un pareil métier. Votre chef a inventé quelque guillotine pour les employés, c'est sûr, allez voir! suivez le monde. on ne paie pas si l'on est mécontent, vous jouirez de votre malheur, GRATIS. Aussi les nominations sont-elles remises. Les bureaux sont en rumeur, et Rabourdin vient d'être prévenu que le ministre ne travaillerait pas avec lui aujourd'hui.

Phellion et Poiret demeurèrent seuls dans le bureau. Le premier aimait trop Rabourdin pour aller chercher une conviction qui pouvait lui nuire ; le second n'avait plus que dix jours à rester au bureau. En ce moment, Sébastien descendit pour venir chercher ce qui devait être compris dans les pièces à signer. Il fut assez étonné, sans en rien témoigner, de trouver le bureau désert.

### PHELLION.

Mon jeune ami (*il se lève, cas rare*), savez-vous ce qui se passe, quels bruits courent sur *môsieur* Rabourdin que vous aimez et (*il baisse la voix et s'approche de l'oreille de Sébastien*) que j'aime autant que je l'estime. On dit qu'il a commis l'imprudence de laisser traîner un travail sur les employés....

A ces mots Phellion s'arrêta, car il fut obligé

de soutenir dans ses bras nerveux le jeune Sébastien, qui devint pâle comme une rose blanche, et défaillit presque sur une chaise.

### PHELLION.

Une clef dans le dos, môsieur Poiret, avez-vous une clef ?

### POIRET.

J'ai toujours celle de mon domicile.

Le vieux Poiret jeune insinua sa clef dans le dos de Sébastien, à qui Phellion fit boire un verre d'eau froide. Le pauvre enfant n'ouvrit les yeux que pour verser un torrent de larmes. Il s'alla mettre la tête sur le bureau de Phellion, en s'y renversant le corps abandonné comme si la foudre l'eût atteint, et ses sanglots furent si pénétrans, si vrais, si abondans, que, pour la première fois de sa vie, Poiret fut ému par la douleur d'autrui.

### PHELLION (*grossissant sa voix*).

Allons, allons, mon jeune ami, du courage ! Dans les grandes circonstances il en faut. Vous êtes un homme. Qu'y a-t-il? en quoi ceci peut-il vous émouvoir aussi démesurément?

SÉBASTIEN (*à travers ses sanglots*).

C'est moi qui ai perdu M. Rabourdin. J'ai laissé l'état!.. Je l'ai copié, j'ai tué mon bienfaiteur, j'en mourrai. Un si grand homme! un homme qui eût été ministre!

(POIRET *en se mouchant*).

C'est donc vrai qu'il a fait les rapports.

(SÉBASTIEN *à travers ses sanglots*).

Mais c'était pour.... Allons, je vais dire ses secrets, maintenant! Ah! le misérable Dutocq! c'est lui qui l'a volé....

Et les pleurs, les sanglots recommencèrent si bien, que de son cabinet Rabourdin entendit les larmes, distingua la voix, et monta. Le chef trouva Sébastien presqu'évanoui comme un Christ entre les bras de Phellion et de Poiret, qui singeaient grotesquement la pose des deux Maries et dont les figures étaient crispées par l'attendrissement.

RABOURDIN.

Qu'y a-t-il, messieurs?

(*Sébastien se dresse sur ses pieds et tombe sur ses genoux devant Rabourdin.*)

SÉBASTIEN.

Je vous ai perdu, monsieur! L'état, Dutocq le montre, il l'a sans doute surpris!

RABOURDIN (*calme*).

Je le savais. (*Il relève Sébastien et l'emmène*). Vous êtes un enfant, mon ami. (*Il s'adresse à Phellion*). Où sont ces messieurs?

PHELLION.

Môsieur, ils sont allés voir dans le cabinet de M. Baudoyer un état que l'on dit...

RABOURDIN.

Assez. (*Il sort en tenant Sébastien*).

(*Poiret et Phellion se regardent en proie à une vive surprise et ne savent quelles idées se communiquer.*)

POIRET.

M. Rabourdin !...

PHELLION.

M. Rabourdin !

POIRET.

Par exemple, M. Rabourdin.

PHELLION.

Avez-vous vu comme il était calme et digne...

POIRET.

Il y aurait quelque chose là-dessous que cela ne m'étonnerait point.

PHELLION.

Un homme d'honneur, pur, sans tache.

POIRET.

Et ce Dutocq ?

PHELLION.

Môsieur Poiret, vous pensez ce que je pense sur Dutocq, ne me comprenez-vous pas ?

POIRET (*en donnant deux ou trois petits coups de tête répond d'un air fin*):

Oui.

(*Tous les employés rentrent*).

FLEURY.

En voilà une sévère, et après avoir lu je ne le crois pas encore, M. Rabourdin, le roi des hommes! Ma foi, s'il y a des espions parmi ces hommes-là, c'est à dégoûter de la vertu. Je le mettais dans les héros de Plutarque.

VIMEUX.

Oh c'est vrai !

POIRET (*songeant qu'il n'a plus que dix jours*):

Mais messieurs, que dites-vous de celui qui a dérobé l'état, qui a guetté M. Rabourdin? (*Dutocq s'en va.*)

FLEURY.

C'est un Judas Iscariote! Qui est-ce ?

PHELLION (*finement*).

Il n'est certes pas parmi nous.

VIMEUX (*illuminé*).

C'est Dutocq.

PHELLION.

Je n'en ai point vu la preuve, môsieur. Pendant que vous étiez absent, ce jeune homme, môsieur Delaroche a failli mourir. Tenez, voyez ses larmes sur le bureau!...

POIRET.

Nous l'avons tenu dans nos bras évanoui. Et la clef de mon domicile, tiens, tiens, il l'a toujours dans le dos. (*Poiret sort.*)

VIMEUX.

Le ministre n'a pas voulu travailler avec Rabourdin aujourd'hui, et M. Saillard, à qui le chef du personnel a dit deux mots, est venu prévenir M. Baudoyer de faire une demande pour la croix de la Légion-d'Honneur; il y en a une pour le jour de l'an accordée au Bureau, et elle est donnée à M. Baudoyer. Est-ce clair? M. Rabourdin est sacrifié par ceux-là même qui l'emploient. Voilà ce que dit Bixiou. Nous étions tous supprimés, excepté Phellion et Sébastien.

DUBRUEL (*arrivant*).

Hé bien, messieurs, est-ce vrai?

THUILLIER.

De la dernière exactitude.

DUBRUEL (*remettant son chapeau*).
Adieu, messieurs. (*Il sort.*)

THUILLIER.

Il ne s'amuse pas dans les feux de file, le vaudevilliste! Il va chez le maréchal, chez le duc d'Aumont, chez le vicomte, et il sera notre chef de bureau.

PHELLION.

Il avait pourtant l'air d'aimer môsieur Rabourdin.

POIRET (*rentrant*).

J'ai eu toutes les peines du monde à avoir la clef de mon domicile, ce petit fond en larmes, et M. Rabourdin a disparu complètement.

(*Dutocq et Bixiou rentrent.*)

BIXIOU.

Hé bien, messieurs, il se passe d'étranges choses dans votre bureau! Dubruel? (*Il regarde dans le cabinet.*) Parti!

THUILLIER.

En course!

BIXIOU.

Et Rabourdin?

FLEURY.

Fondu! dire qu'un homme, le roi des hommes!...

POIRET (*à Dutocq*).

Dans sa douleur, M. Dutocq, le petit Sébastien vous accuse d'avoir surpris l'état il y a dix jours...

BIXIOU (*en regardant Dutocq*).

Il faut vous laver de ce reproche, mon cher; (*Tous les employés contemplent fixement Dutocq.*)

DUTOCQ.

Où est-il, ce petit aspic qui le copiait?

BIXIOU.

Comment savez-vous qu'il le copiait? Mon cher, il n'y a que le diamant qui puisse polir le diamant? (*Dutocq sort.*)

POIRET.

Écoutez, monsieur Bixiou, je n'ai plus que sept jours et demi à rester dans les bureaux, et je voudrais une fois, une seule fois avoir le plaisir de vous comprendre! Faites-moi l'honneur de m'expliquer en quoi le diamant est utile dans cette circonstance...

BIXIOU.

Cela veut dire, papa, car je veux bien une fois descendre jusqu'à vous, que de même que le diamant peut seul user le diamant, de même il n'y a qu'un *curieux* qui puisse vaincre un *curieux*.

### FLEURY.

Curieux est mis ici pour espion.

### POIRET.

Eh bien! pourquoi n'avez-vous pas rédigé votre pensée ainsi?

### BIXIOU.

Est-ce que je rédige, quand je parle!

# CHAPITRE X.

# LA DÉMISSION.

M. Rabourdin avait couru chez le ministre. Le ministre était à la chambre. Rabourdin se rendit à la chambre des députés, où il écrivit un mot au ministre. Le ministre était à la tribune, occupé d'une chaude discussion. Rabourdin attendit, non pas dans la salle des conférences, mais dans la cour, et se décida malgré le froid à se poster devant la voiture de l'excellence afin de lui parler quand elle y monterait. L'huissier lui avait dit que le ministre était engagé dans une tempête soulevée par les dix-neuf de l'extrême gauche, et qu'il y avait une séance orageuse. Rabourdin se promenait dans la largeur de la cour du palais, en proie à une agitation fébrile, et il attendit cinq mortelles heures. A six heures et demie le défilé commença; mais le chasseur du ministre vint trouver le cocher.

—Hé! Jean! lui dit-il, monseigneur est parti avec le ministre de la guerre; ils vont chez le roi, et de là dînent ensemble. Nous irons le chercher à dix heures, il y aura conseil.

Rabourdin revint à pas lents chez lui, dans un abattement facile à concevoir. Il était sept heures. Il eut à peine le temps de s'habiller.

—Hé bien, tu es nommé, lui dit joyeusement sa femme quand il se montra dans le salon.

Rabourdin leva la tête par un mouvement d'horrible mélancolie, et répondit : —Je crains bien de ne plus remettre les pieds au ministère.

— Quoi? dit sa femme agitée d'une horrible anxiété.

— Mon mémoire sur les employés court les bureaux, et il m'a été impossible de joindre le ministre!

Célestine eut une vision rapide, où, par un de ses éclairs infernaux, le démon lui montra le sens de sa dernière conversation avec des Lupeaulx.

— Si je m'étais conduite en femme vulgaire, pensa-t-elle, nous aurions eu la place.

Elle contempla Rabourdin avec une sorte de douleur. Il se fit un triste silence, et le dîner se passa dans de mutuelles méditations.

— Et c'est notre mercredi, dit-elle.

— Tout n'est pas perdu, ma chère Célestine, dit Rabourdin en mettant un baiser sur le front de sa femme, peut-être pourrai-je parler demain matin au ministre et tout s'expliquera. Sébastien a passé hier la nuit, toutes les copies sont achevées et collationnées, je le prierai de me lire en mettant tout sur son bureau. La Brière m'aidera. L'on ne condamne jamais un homme sans l'entendre.

— Je suis curieuse de savoir si M. des Lupeaulx viendra nous voir aujourd'hui.

— Lui, certes il n'y manquera pas, dit Rabourdin. Il y a du tigre chez lui, il aime à lécher le sang de la blessure qu'il a faite!

— Mon pauvre ami, reprit sa femme en lui prenant la main, je ne sais pas comment l'homme qui pouvait concevoir une aussi belle réforme n'a pas vu qu'elle ne devait être communiquée à personne. Ce sont de ces idées qu'un homme garde dans sa conscience, car lui seul peut les appliquer. Il fallait faire dans ta sphère comme Napoléon dans la sienne. Il s'est plié, tordu, il a rampé! Oui il a rampé!

Pour devenir général en chef il a épousé la maîtresse de Barras. Il fallait attendre, se faire nommer député, suivre les mouvemens de la politique, tantôt au fond de la mer, tantôt sur le dos d'une lame, et comme M. de Villèle, prendre la devise *col tempo : Tout vient à point pour qui sait attendre.* Il a visé le pouvoir pendant sept ans, et a commencé en 1814 par une protestation contre la charte à l'âge où tu te trouves aujourd'hui. Voilà la faute ! tu t'es subordonné, quand tu es fait pour ordonner.

L'arrivée du jeune peintre Schinner imposa silence à la femme et au mari, que ces paroles rendirent songeur.

— Chère amie, lui dit-il en lui serrant la main, le dévouement d'un pauvre peintre est bien inutile ; mais dans ces circonstances, un ami doit renouveler son hommage-lige.

— Quoi ? dit-elle.

— Vous m'avez fait acheter le journal du soir.

Baudoyer est nommé directeur, et on le dit porté pour la croix de la Légion-d'Honneur...

— Je suis le plus ancien, et j'ai vingt-quatre ans de services, dit en souriant Rabourdin.

Le salon s'emplit des personnes à qui les mouvemens administratifs étaient inconnus. Dubruel ne vint pas. Madame Rabourdin redoubla de gaité, de grâce, comme le cheval qui, blessé dans la bataille, trouve encore des forces pour porter son maître.

— Elle est bien courageuse, dirent quelques femmes qui furent charmantes pour elle, car elle était dans le malheur.

— Elle a eu cependant bien des attentions pour des Lupeaulx, dit la baronne du Châtelet à la vicomtesse de Fontaine.

— Croyez-vous que...., demanda la vicomtesse.

— Mais, M. Rabourdin aurait au moins eu la croix ! dit madame Firmiani défendant son amie.

Vers onze heures et demie des Lupeaulx apparut. L'on ne peut le peindre qu'en disant que ses lunettes étaient tristes et ses yeux gais ; mais le verre enveloppait si bien ses regards qu'il fallait être physionomiste pour découvrir leur expression diabolique. Il alla serrer la main à Rabourdin, qui ne put se dispenser de la lui laisser prendre.

— Nous avons à causer ensemble, lui dit-il en allant s'asseoir auprès de la belle Rabourdin, qui le reçut à merveille.

— Eh ! fit-il en lui jetant un regard de côté, vous êtes grande, et je vous trouve comme je vous imaginais, sublime dans la déroute. Savez-vous qu'il est bien rare à une personne supérieure de répondre à l'idée qu'on se fait d'elle ? la défaite ne vous accable donc pas ? (*à l'oreille*) Vous avez raison, nous triompherons. Votre sort est toujours entre vos mains, tant que vous aurez pour allié un homme qui vous adore. Nous tiendrons conseil.

— Mais Baudoyer est-il nommé, lui demanda-t-elle.

— Oui, dit le secrétaire-général.

— Est-il décoré ?

— Pas encore, mais il le sera.

— Eh bien !

— Vous ne connaissez pas la politique.

Pendant que cette soirée semblait éternelle à madame Rabourdin, il se passait à la Place-Royale une de ces comédies qui se jouent dans sept salons à Paris, lors de chaque changement de ministère. Le salon des Saillard était plein. Monsieur et madame Transon arrivèrent à huit heures. Madame Transon embrassa madame Baudoyer *née Saillard*. M. Bataille, capitaine de la garde nationale, vint avec son épouse et le curé de Saint-Paul.

— Monsieur Baudoyer, dit madame Transon, je veux être la première à vous faire mon compliment, l'on a rendu justice à vos talens. Allons, vous avez bien gagné votre avancement.

— Vous voilà directeur, dit M. Transon en se frottant les mains, c'est très-flatteur pour le quartier.

— Et l'on peut bien dire que c'est sans intrigue, s'écria le père Saillard. Nous ne sommes pas intrigans, nous autres! nous n'allons pas dans les soirées intimes du ministre.

L'oncle Mitral se frotta le nez en souriant et regarda sa nièce Élisabeth, qui causait avec Gigonnet. Falleix ne savait que penser de l'aveuglement du père Saillard et de Baudoyer. MM. Dutocq, Bixiou, Dubruel et Godard entrèrent.

— Quelles boules! dit Bixiou à Dubruel, quelle belle caricature si on les dessinait sous formes de raies, de dorades, et de clacquarts (nom vulgaire d'un coquillage) dansant une sarabande.

— Monsieur le directeur, dit Dubruel, je viens vous féliciter, ou plutôt nous nous félicitons nous-mêmes de vous avoir à la tête de la direction, et nous venons vous assurer du zèle avec lequel nous coopérerons à vos travaux.

M. et madame Baudoyer, père et mère du nouveau directeur, étaient là jouissant de la gloire de leur fils et de leur belle-fille. L'oncle Bidault, qui avait dîné au logis, avait un petit regard frétillant qui épouvanta Bixiou.

— En voilà un, dit-il à Dubruel en montrant Gigonnet, qui peut faire un personnage de vaudeville? Qu'est-ce que ça vend? un Chinois pareil devrait servir d'enseigne aux Deux-Magots. Et quelle redingote? je croyais qu'il n'y avait que Poiret capable d'en montrer une semblable après dix ans d'exposition publique aux intempéries parisiennes.

— Baudoyer est magnifique, dit Dubruel.

— Étourdissant, répondit Bixiou.

— Messieurs, leur dit Baudoyer, voici mon oncle propre, M. Mitral, et mon grand-oncle par ma femme, M. Bidault.

Gigonnet et Mitral jetèrent sur les trois employés un de ces regards profonds où éclatait la couleur de l'or et qui firent leur impression sur les deux rieurs.

— Hein, dit Bixiou sous les arcades de la Place-Royale, avez-vous bien examiné les deux oncles? deux exemplaires de Shylock. Ils vont, je le parie, à la Halle placer leurs écus à cent pour cent par semaine. Ils prêtent sur gage, ils vendent des habits, des galons, des fromages, des femmes et des enfans ; ils sont arabes-juifs-génois-grecs-genevois-lombards et parisiens, nourris par une louve et enfantés par une Turque.

— Je crois bien, l'oncle Mitral a été huissier, dit Godard.

— Voyez-vous! dit Dubruel.

— Je vais aller achever la pierre, reprit Bixiou, mais je voudrais bien voir le salon de M. Rabourdin : vous êtes bien heureux de pouvoir y aller, Dubruel.

— Moi, dit le vaudevilliste ? que voulez-vous que j'y fasse, ma figure ne se prête pas aux complimens de condoléance. Et puis, c'est bien vulgaire aujourd'hui d'aller faire queue chez les gens destitués.

A minuit, le salon de madame Rabourdin était désert, il ne restait plus que deux ou trois personnes, des Lupeaulx et les maîtres de la maison. Quand Schinner, madame Firmiani et M. Octave de Camps furent partis, des Lupeaulx se leva d'un air mystérieux, se plaça le dos à la pendule, et regarda tour à tour la femme et le mari.

— Mes amis, leur dit-il, rien n'est perdu, car le ministre et moi nous vous restons. Dutocq entre deux pouvoirs a préféré celui qui lui paraissait le plus fort. Il a servi la grande-aumônerie et la cour, il m'a trahi, c'est dans l'ordre; un homme politique ne se plaint jamais. Seulement Baudoyer sera destitué dans quelques mois, et replacé sans doute à la préfecture de police, car la grande-aumônerie ne l'abandonnera pas.

Et il fit une longue tirade sur la grande-aumônerie, sur les dangers que courait le gouvernement à s'appuyer sur l'Eglise, sur les Jésuites, etc.

Mais il n'est pas inutile de faire observer que la cour et la grande-aumônerie à laquelle des journaux libéraux accordaient une influence énorme sur l'administration, s'étaient très-peu mêlés du sieur Baudoyer. Ces petites intrigues se mouraient dans la haute sphère devant les grands intérêts qui s'y agitaient. Si quelques paroles furent arrachées par l'importunité du curé de Saint-Paul et de M. Gaudron, la sollicitation s'était tue à la première observation du ministre. Les passions seules faisaient la police de la Congrégation en se dénonçant les unes les autres.. Le pouvoir occulte de cette association bien permise en présence de l'effrontée société de la doctrine intitulée : *Aide-toi, le ciel t'aidera*, ne devenait formidable que par l'action dont la dotaient gratuitement les subordonnés en s'en menaçant à l'envi. Enfin les calomnies libérales se plaisaient à configurer la grande-aumônerie en un géant politique, administratif, civil et militaire. La peur se fera toujours des idoles. En ce moment, Baudoyer croyait à la grande-aumônerie, tandis que la seule aumônerie qui l'avait protégé siégeait au café Thémis. Il est, à certaines époques, des noms, des institutions, des pouvoirs à qui l'on prête tous les malheurs, à qui l'on dénie leurs talens, et qui servent de raison coëfficiente aux sots. De même que M. de Talleyrand est censé saluer tout événement par un bon mot, de même en ce moment de la Restauration, la grande-aumônerie faisait et défaisait tout. Malheureusement elle ne faisait ni ne défaisait rien. Son influence n'était entre les mains ni d'un cardinal de Richelieu, ni d'un cardinal Mazarin; mais entre les mains d'une espèce de cardinal de Fleury, qui, timide pendant cinq ans, n'osa que pendant un jour, et osa mal, car la doctrine fit impunément à Saint-Merry plus que Charles X ne prétendait faire en juillet 1830. Sans l'article sur la censure si sottement mis dans la nouvelle Charte, le journalisme aurait eu son Saint-Merry aussi.

— Restez chef de bureau sous Baudoyer, ayez ce courage, reprit des Lupeaulx, soyez un véritable homme politique ; laissez les pensées et les mouvemens généreux de côté, renfermez-vous dans vos fonctions ; ne dites pas un mot à votre chef, ne lui donnez pas un conseil, ne faites rien sans son ordre. En trois mois Baudoyer quittera le ministère ou destitué ou déporté sur une autre plage administrative. Il ira à la maison du Roi peut-être. Il m'est arrivé deux fois dans ma vie d'être ainsi couché sous une avalanche de niaiseries, j'ai laissé passer.

— Oui, dit Rabourdin, mais vous n'étiez pas calomnié, atteint dans votre honneur, compromis...

— Ah! ah! ah! dit des Lupeaulx en interrompant le chef de bureau par un rire homérique ; mais c'est là le pain quotidien de tout homme remarquable dans le beau pays de France, et il y a deux manières de prendre la chose : ou d'être au-dessous, il faut plier bagage et s'en aller planter des choux ; ou d'être au-dessus et marcher sans crainte, sans même tourner la tête.

— Je n'ai pour moi qu'une seule manière de dénouer le nœud coulant que l'espionnage et la trahison m'ont mis autour du cou, reprit Rabourdin, c'est de m'expliquer immédiatement avec le ministre, et si vous m'êtes aussi sincèrement attaché que vous le dites, vous pouvez me mettre face à face avec lui demain.

— Vous voulez lui exposer votre plan d'administration...

Rabourdin inclina la tête.

— Eh bien ! confiez-moi vos plans, vos mémoires, et je vous jure qu'il y passera la nuit.

— Allons-y donc, dit vivement Rabourdin, car c'est bien le moins qu'après six ans de travaux, j'aie la jouissance des deux ou trois heures pendant lesquelles un ministre du Roi sera forcé d'applaudir à tant de persévérance.

Mis par la tenacité de Rabourdin sur un chemin sans buissons où la ruse pût s'abriter, des Lupeaulx hésita pendant un moment et regarda madame Rabourdin en se demandant : — Qui triomphera de ma haine pour lui ou de mon goût pour elle? — Si vous n'avez pas de confiance en moi, dit-il au chef de bureau, je vois que vous serez toujours pour moi l'homme de votre *note secrète*. Adieu madame.

Madame Rabourdin le salua froidement. Célestine et Xavier se retirèrent chacun de leur côté sans se rien dire, tant ils étaient oppressés par le malheur. La femme songeait à l'horrible situation dans laquelle elle se trouvait vis-à-vis de son mari. Le chef de bureau, qui se résolvait à ne plus remettre les pieds au ministère et à donner sa démission, était perdu dans l'immensité de ses réflexions : il s'agissait pour lui de changer de vie et de prendre une voie nouvelle. Il resta pendant toute la nuit devant son feu, sans apercevoir Célestine, qui vint à plusieurs reprises sur la pointe du pied, dans ses vêtemens de nuit.

— Puisque je dois aller une dernière fois au ministère pour retirer mes papiers et mettre Baudoyer au fait des affaires, tentons-y l'effet de ma démission, se dit-il.

Il rédigea sa démission, médita les expressions de la lettre dans laquelle il la mit et que voici.

*Monseigneur,*

*J'ai l'honneur d'adresser à votre excellence ma démission sous ce pli, mais j'ose croire qu'elle se souviendra de m'avoir entendu lui dire que j'avais remis mon honneur entre ses mains, et qu'il dépendait d'une explication immédiate. Cette explication, je l'ai vainement implorée, et aujourd'hui peut-être serait-elle inutile, alors qu'un fragment de mes immenses travaux sur l'administration, surpris et défiguré, court dans les bureaux, est mal interprété par la haine, et me force à me retirer devant la tacite réprobation du pouvoir. Votre excellence a pu penser qu'il s'agissait d'avancement, quand je ne songeais qu'à la gloire de son ministère et au bien public : il m'importait de rectifier ses idées à cet égard.*

Suivaient les formules de respect.

Il était sept heures et demie quand cet homme eut consommé le sacrifice de ses idées, car il brûla tout son travail. Fatigué par ses méditations et vaincu par ses souffrances morales, il s'assoupit la tête appuyée sur son fauteuil. Il fut réveillé par une sensation bizarre sur ses mains, qu'il trouva couvertes des larmes de sa femme, agenouillée devant lui. Célestine était venue lire la démission. Elle avait mesuré l'étendue de la chute, ils allaient être réduits à quatre mille livres de rente. Elle avait supputé ses dettes, elles montaient à trente-deux mille francs ! C'était la plus ignoble de toutes les misères. Et cet homme si noble et si confiant ignorait l'abus qu'elle s'était permis de la fortune confiée à ses soins. Elle sanglottait à ses pieds, belle comme une Madeleine.

— Le malheur est complet, dit-il dans son effroi, je suis déshonoré au ministère, et déshonoré...

L'éclair de l'honneur pur scintilla dans les

yeux de Célestine, elle se dressa comme un cheval effarouché, jeta sur Rabourdin un regard foudroyant.

— Moi! *moi*! lui dit-elle sur deux tons sublimes. Suis-je donc une femme vulgaire? Ne serais-tu pas nommé, si j'avais failli? Mais, reprit-elle, il est plus facile de croire à cela qu'à la vérité.

— Qu'y a-t-il? dit Rabourdin.

— Tout en deux mots, reprit-elle. Nous devons trente mille francs.

Rabourdin saisit sa femme par un geste fou et l'assit sur ses genoux avec joie.

— Console-toi, ma chère, dit-il avec un son de voix où perçait une adorable bonté qui changea l'amertume de ses larmes en je ne sais quoi de doux. Moi aussi j'ai fait des fautes! j'ai travaillé fort inutilement pour mon pays, ou du moins j'ai cru pouvoir lui être utile... Maintenant, je vais marcher dans un autre sentier. Si j'avais vendu des épices, nous serions millionnaires! eh bien, faisons-nous épiciers. Tu n'as que vingt-huit ans, mon ange! Eh bien, dans dix ans, l'industrie t'aura rendu le luxe que tu aimes, et auquel nous renoncerons pendant quelques jours. Moi aussi, chère enfant, je ne suis pas un mari vulgaire. Nous vendrons notre ferme! elle a depuis sept ans gagné de valeur. Cette plus-value et notre mobilier paieront *mes* dettes.

Elle l'embrassa mille fois dans un seul baiser pour ce mot généreux.

— Nous aurons, reprit-il, cent mille francs à employer dans un commerce quelconque. Avant un mois, j'aurai choisi quelque spéculation. Le hasard qui a fait rencontrer un Martin Falleix à Saillard ne nous manquera pas. Attends-moi pour déjeûner. Je reviendrai du ministère à onze heures, libre de mon collier de misère.

Célestine le serra dans ses bras avec une force que n'ont point les hommes dans leurs momens les plus encolérés, car la femme est plus forte par le sentiment que l'homme n'est fort par sa puissance. Elle pleurait, riait, sanglotait et parlait tout ensemble.

Quand à huit heures Rabourdin sortit, la portière lui remit les cartes railleuses de Baudoyer, de Bixiou, de Godard et autres. Néanmoins, il se rendit au ministère, et y trouva Sébastien à la porte, qui le supplia de ne point venir dans les bureaux, où il courait une infâme caricature sur lui.

— Si vous voulez m'en adoucir l'amertume, apportez-la moi ici, dit-il, car je vais porter ma démission moi-même au valet de chambre du ministre afin qu'elle ne soit pas dénaturée, en suivant la voie administrative. J'ai mes raisons en vous demandant la caricature.

Quand après s'être assuré, moyennant quelques pièces d'or, que sa lettre était entre les mains du ministre, Rabourdin revint dans la cour, où il trouva Sébastien en larmes, qui lui présenta la lithographie, dont voici le principal trait rendu par ce léger croquis.

— Il y a là beaucoup d'esprit, dit Rabourdin en montrant au surnuméraire un front serein comme le fut celui du Sauveur quand on lui mit sa couronne d'épines.

Il entra dans les bureaux d'un air calme, et alla d'abord chez Baudoyer, qu'il pria de venir à la division pour recevoir de lui les instructions relatives aux affaires qu'il devait désormais diriger.

— Attendu, dit-il devant Godard et les employés, que ma démission est entre les mains du ministre. — Monsieur, dit-il en apercevant Bixiou, allant droit à lui et lui montrant la lithographie, n'avais-je pas raison de prétendre que vous étiez un artiste? il est seulement dommage que vous ayez dirigé la pointe de votre crayon contre un homme qui ne pouvait être ni jugé de cette manière, ni dans les bureaux.

Puis il entraîna Baudoyer dans l'appartement de feu La Billardière. A la porte se trouvaient Phellion et Sébastien, les seuls qui dans ce grand désastre particulier osassent lui rester ostensiblement fidèles. Rabourdin, apercevant les yeux de Phellion humides, ne put s'empêcher de lui serrer la main.

— Môsieur, dit le bonhomme, si nous pouvons vous être utiles à quelque chose, disposez de nous...

— Entrez donc, mes amis, leur dit Rabourdin avec une grâce noble. Sébastien, mon enfant, écrivez votre démission et envoyez-la par Laurent, car vous devez être enveloppé dans la calomnie qui m'a renversé. J'aurai soin de votre avenir, nous ne nous quitterons pas.

Sébastien fondit en larmes.

M. Rabourdin s'enferma dans la division avec M. Baudoyer. Phellion l'aida à mettre l'imbécille chef de bureau en présence de toutes les difficultés administratives. A chaque dossier que Rabourdin expliquait, à chaque carton ouvert, les petits yeux de Baudoyer devenaient grands comme des soucoupes.

— Adieu, monsieur, lui dit enfin Rabourdin d'un air à la fois solennel et railleur.

Sébastien avait pendant ce temps-là fait les paquets de papiers appartenant au chef de bureau, et les avait emportés chez lui dans un fiacre. Rabourdin passa par la grande cour du ministère où tous les employés étaient aux fenêtres, et y attendit un moment les ordres du ministre. Le ministre ne bougea pas. Phellion et Sébastien tenaient compagnie à Rabourdin. Phellion escorta courageusement l'homme tombé jusqu'à la rue Duphot en lui exprimant une respectueuse admiration. Il revint satisfait de lui-même, reprendre sa place, après avoir rendu les honneurs funèbres au talent administratif méconnu.

BIXIOU (*voyant entrer Phellion*).

VICTRIX CAUSA DIIS PLACUIT, SED VICTA CATONI.

PHELLION.

Oui, Môsieur !

POIRET.

Qu'est-ce que cela veut dire?

FLEURY.

Que le parti-prêtre se réjouit, et que M. Rabourdin a l'estime des gens d'honneur.

DUTOCQ (*piqué*).

Vous ne disiez pas cela hier.

FLEURY.

Si vous m'adressez encore la parole, vous aurez ma main sur la figure, car il est certain que vous avez *chippé* le travail de M. Rabourdin (*Dutocq sort*). Allez vous plaindre à M. des Lupeaulx, espion!

BIXIOU (*riant et grimaçant comme un singe*).

Je suis curieux de savoir comment ira la division? M. Rabourdin était un homme si remarquable qu'il devait avoir ses vues en faisant ce travail. Le ministère perd une fameuse tête. (*Il se frotte les mains.*)

### LAURENT.

M. Fleury est mandé au secrétariat.

### TOUS.

Il est enfoncé !

### DIXIOU.

Dutocq a déjà fait destituer ce pauvre Desroys, accusé de vouloir couper les têtes.

### THUILLIER.

Des rois !

### DIXIOU.

Recevez mes complimens ? il est joli celui-là !

FIN DE LA FEMME SUPÉRIEURE.

# LA MAISON NUCINGEN.

# LA MAISON NUCINGEN.

Vous savez combien sont minces les cloisons qui séparent les cabinets particuliers dans les plus élégans cabarets de Paris. Chez Véry, par exemple, le plus grand salon est coupé en deux par une cloison qui s'ôte et se remet à volonté. La scène n'était pas là, mais dans un bon endroit qu'il ne me convient pas de nommer ; nous étions deux, et je dirai comme le Prudhomme de Henri Monnier : « Je ne voudrais pas la compromettre. » Nous caressions les friandises d'un dîner exquis à plusieurs titres, dans un petit salon où nous parlions à voix basse, après avoir reconnu le peu d'épaisseur de la cloison. Nous avions atteint le rôti sans avoir eu de voisins dans la pièce contiguë à la nôtre, où nous n'entendions que les pétillemens du feu ; huit heures sonnèrent, il se fit un grand bruit de pieds, il y eut des paroles échangées, les garçons apportèrent des bougies : il nous fut démontré que le salon voisin était occupé. En reconnaissant les voix, je sus à quels personnages nous avions affaire.

C'était quatre des plus hardis cormorans éclos dans l'écume qui couronne les flots incessamment renouvelés de la génération présente ; aimables garçons dont l'existence est problématique, à qui l'on ne connaît ni rentes ni domaines, et qui vivent bien. Ces spirituels *condottieri* de l'industrie moderne, devenue la plus cruelle des guerres, laissent les inquiétudes à leurs créanciers, gardent les plaisirs pour eux, et n'ont de souci que de leur costume; d'ailleurs braves à fumer, comme Jean Bart, leur cigare sur une tonne de poudre, peut-être pour ne pas faillir à leur rôle; plus moqueurs que les petits journaux, moqueurs à se moquer d'eux-mêmes; perspicaces et incrédules, fureteurs d'affaires, avides et prodigues, envieux d'autrui, mais contens d'eux-mêmes; profonds politiques par saillies, analysant tout, devinant tout, et n'ayant pas encore pu se faire jour dans le monde où ils voudraient se produire.

Un seul des quatre est parvenu, mais seulement au pied de l'échelle. Ce n'est rien que d'avoir de l'argent, un parvenu ne sait tout ce qui lui manque alors qu'après six mois de flatteries. Peu parleur, froid, gourmé, sans esprit,

Andoche Finot, ancien journaliste, a eu le cœur de se mettre à plat ventre devant ceux qui pouvaient le servir, et la finesse d'être insolent avec ceux dont il n'avait plus besoin. Semblable à l'un des grotesques du ballet de Gustave, il est marquis par derrière et vilain par devant. Ce prélat industriel entretient un caudataire : Alfred Blondet, rédacteur de journal, homme de beaucoup d'esprit, mais sans conduite, décousu, brillant, capable, paresseux, se sachant exploité, se laissant faire, perfide comme il est bon, par caprices; un de ces hommes que l'on aime et que l'on n'estime pas; d'ailleurs fin comme une soubrette de comédie, incapable de refuser sa plume à qui la lui demande, et son cœur à qui le lui emprunte; enfin le plus séduisant de ces hommes-filles de qui le plus fantasque de nos gens d'esprit a dit : « — Je les aime mieux en souliers de satin qu'en bottes. »

Le troisième, nommé Couture, se soutient

par la spéculation : il tente affaire sur affaire, le succès de l'une couvre l'insuccès de l'autre ; il vit à fleur d'eau par la force nerveuse de son jeu, par une coupe raide et audacieuse ; il nage de-ci, de-là, cherchant dans l'immense mer des intérêts parisiens un îlot assez contestable pour pouvoir s'y loger. Evidemment, il n'est pas à sa place.

Quant au dernier, le plus extraordinaire des quatre, son nom suffira : Bixiou! non le Bixiou de 1825, mais celui de 1836, le misanthrope bouffon à qui l'on connaît le plus de verve et de mordant, un diable enragé d'avoir dépensé tant d'esprit en pure perte, furieux de ne pas avoir ramassé son épave dans la dernière révolution, donnant son coup de pied à chacun en vrai Pierrot des Funambules, sachant son époque et les aventures scandaleuses sur le bout de son doigt, les aornant de ses inventions drolatiques, sautant sur toutes les épaules comme un clown, et tâchant d'y laisser une marque à la façon du bourreau.

Après avoir satisfait aux premières exigences de la gourmandise, nos voisins arrivèrent où nous en étions, au dessert. Grâce à notre coite tenue, ils se crurent seuls. A la fumée des cigares, à l'aide du vin de Champagne, à travers les amusemens gastronomiques du dessert, il s'entama donc une intime conversation empreinte de cet esprit glacial qui raidit les sentimens les plus élastiques, arrête les inspirations les plus généreuses, et donne au rire quelque chose d'aigu, pleine de cette ironie qui change la gaîté en ricanement, et accuse l'épuisement d'ames livrées à elles-mêmes, sans autre but que la satisfaction de l'égoïsme, fruit de la paix où nous vivons. Ce pamphlet contre l'homme que Diderot n'osa publier, le *Neveu de Rameau*, ce livre débraillé tout exprès pour montrer des plaies, est seul comparable à ce pamphlet dit sans aucune arrière-pensée, où le mot ne respecta même point ce que le penseur discute encore, où l'on ne construisit qu'avec des ruines, où l'on nia tout, où l'on n'admira que ce que le scepticisme adopte : l'omnipotence, l'omniscience, l'omniconvenance de l'argent. Après avoir tiraillé dans le cercle des personnes de connaissance, la médisance se mit à fusiller les amis intimes. Un signe suffit pour expliquer le désir que j'avais de rester et d'écouter au moment où Bixiou prit la parole, comme on va le voir. Nous entendîmes alors une de ces terribles improvisations qui lui ont valu sa réputation auprès de quelques esprits blasés; et quoique souvent interrompue, prise et reprise, elle fut sténographiée par ma mémoire. Opinions et forme, tout y est en dehors des conditions littéraires; mais c'est ce que cela fut : un pot-pourri de choses sinistres qui peint notre temps, auquel l'on ne devrait raconter que de semblables histoires, et dont je laisse d'ailleurs la responsabilité au narrateur principal. La pantomime, les gestes, en rapport avec les fréquens changemens de voix par lesquels Bixiou peignait les interlocuteurs mis en scène, devaient être parfaits, car ses trois auditeurs laissaient échapper des exclamations approbatives et des interjections de contentement.

— Et Rastignac l'a refusé? dit Blondet à Finot.

— Net!

— Mais l'as-tu menacé des journaux, demanda Bixiou.

— Il s'est mis à rire, répondit Finot.

— Rastignac est l'héritier direct de feu de Marsay, il fera son chemin en politique comme dans le monde, dit Blondet.

— Mais comment a-t-il fait sa fortune, demanda Couture. Il était en 1819 avec l'illustre Bianchon, dans une misérable pension du quartier latin; sa famille mangeait des hannetons rôtis et buvait le vin du cru, pour pouvoir lui envoyer cent francs par mois; le domaine de son père ne valait pas mille écus; il avait deux sœurs et un frère sur les bras, et maintenant...

— Maintenant, il a quarante mille livres de rentes, reprit Finot; chacune de ses sœurs a été richement dotée, noblement mariée, et il a laissé l'usufruit du domaine à sa mère...

— En 1830, dit Blondet, je l'ai vu sans le sou.

— En 1830, dit Bixiou.

— Eh bien, reprit Finot, aujourd'hui nous le voyons en passe de devenir ministre, pair de France, et tout ce qu'il voudra être! Il a depuis six ans fini convenablement avec Delphine, il ne se mariera qu'à bonnes enseignes, et il peut épouser une fille noble, lui! Le gars a eu le bon esprit de s'attacher à une femme riche.

— Mes amis, tenez-lui compte des circonstances atténuantes, dit Blondet, il est tombé dans les pattes d'un homme habile en sortant des griffes de la misère.

— Tu connais bien Nucingen, dit Bixiou. Dans les premiers temps Delphine et Rastignac le trouvaient *bon*. Une femme semblait être pour lui, dans sa maison, un joujou, un ornement. Et voilà ce qui, pour moi, rend cet homme carré de base comme de hauteur : Nucingen ne se cache pas pour dire que sa femme est la représentation de sa fortune, *une chose* indispensable, mais secondaire dans la vie à haute pression des hommes politiques et des grands financiers. Il a dit, devant moi, que Bonaparte avait été bête comme un bourgeois dans ses premières relations avec Joséphine, et, qu'après avoir eu le courage de la prendre comme un marchepied, il avait été ridicule en voulant faire d'elle une compagne.

— Tout homme supérieur doit avoir les opinions de l'Orient sur les femmes, dit Blondet.

— Le baron a fondu les doctrines orientales et occidentales en une charmante doctrine parisienne. Il avait en horreur de Marsay qui n'était pas maniable, mais Rastignac lui a plu beaucoup et il l'a exploité sans que Rastignac s'en doutât : il lui a laissé toutes les charges de son ménage, Rastignac a endossé tous les caprices de Delphine, il la menait au bois, il l'accompagnait au spectacle. Ce grand politique d'aujourd'hui a long-temps passé sa vie à lire et à écrire de jolis billets. Dans les commencemens, il était grondé pour des riens, il s'égayait avec elle quand elle était gaie, s'attristait quand elle était triste, il supportait le poids de ses migraines, de ses confidences, il lui donnait tout son temps, ses heures, sa précieuse jeunesse pour combler le vide de l'oisiveté de cette jolie parisienne. Delphine et lui tenaient de grands conseils sur les parures qui allaient le mieux, il essuyait le feu des colères et la bordée des boutades; tandis que, par compensation, elle se faisait charmante pour le baron. Le baron riait à part lui, quand il voyait Rastignac pliant sous le poids de ses charges, il avait l'*air de soupçonner quelque chose*, et reliait les deux amans par une peur commune.

— Je conçois qu'une femme riche l'ait fait vivre et vivre honorablement, mais où a-t-il pris sa fortune? demanda Couture. Une fortune aussi considérable se prend quelque part, et personne ne l'a jamais accusé d'avoir inventé une bonne affaire?

— Il a hérité, dit Finot.

— De qui? dit Blondet.

— Des sots qu'il a rencontrés, reprit Couture.

— Il n'a pas tout pris, mes petits amours, dit Bixiou :

>... Remettez-vous d'une alarme aussi chaude :
>Nous vivons dans un temps très-ami de la fraude.

Je vais vous raconter l'origine de sa fortune.

D'abord, hommage au talent ! Notre ami n'est pas un gars, comme dit Finot, mais un gentleman qui sait le jeu, qui connaît les cartes et que la galerie respecte. Rastignac a tout l'esprit qu'il faut avoir dans un moment donné, comme un militaire qui ne place son courage qu'à quatre-vingt-dix jours, trois signatures et des garanties. Il paraîtra cassant, brise-raison, sans suite dans les idées, sans constance dans ses projets, sans opinion fixe; mais s'il se présente une affaire sérieuse, une combinaison à suivre, il ne s'éparpillera pas comme Blondet que voilà, et qui discute alors pour le compte du voisin ; il se concentre, se ramasse, étudie le point où il faut charger, et il charge à fond de train. Avec la valeur de Murat, il enfonce les carrés, les actionnaires, les fondateurs et toute la boutique; quand la charge a fait son trou, il rentre dans sa vie molle et insouciante, il redevient l'homme du midi, le voluptueux, le diseur de riens, l'inoccupé Rastignac, qui peut se lever à midi parce qu'il ne s'est pas couché au moment de la crise.

— Voilà qui va bien, mais arrive donc à sa fortune, dit Finot.

— Bixiou ne nous fera qu'une charge, reprit Blondet. La fortune de Rastignac, c'est Delphine de Nucingen, femme remarquable, et qui joint l'audace à la prévision.

— T'a-t-elle prêté de l'argent, demanda Bixiou.

Un rire général éclata.

— Vous vous trompez sur elle, dit Couture à Blondet, son esprit consiste à dire des mots plus ou moins piquans, à aimer Rastignac avec une fidélité gênante, à lui obéir aveuglément, une femme tout-à-fait italienne.

— Argent à part, dit aigrement Andoche Finot.

— Allons, allons, reprit Bixiou d'une voix pateline, après ce que nous venons de dire, osez-vous encore reprocher à ce pauvre Rastignac d'avoir vécu aux dépens de la maison Nucingen, d'avoir été mis dans ses meubles ni plus ni moins que Ninette par notre ami des Lupeaulx? vous tomberiez dans la vulgarité de la rue Saint-Denis. D'abord, abstraitement parlant, comme dit Royer-Collard, la question peut soutenir *la critique de la raison pure*, quant à celle de la raison impure.....

— Le voilà lancé! dit Finot à Blondet.

— Mais, s'écria Blondet, il a raison. La question est très-ancienne, elle fut le grand mot du fameux duel à mort entre la Châteigneraie et Jarnac. Jarnac était accusé d'être en de bons termes avec sa belle-mère, qui fournissait au faste du trop aimé gendre. Quand un fait est aussi vrai, il ne doit pas être dit. Par dévoûment pour le roi Henri II, qui s'était permis cette médisance, la Châteigneraie la prit sur son compte; de là ce duel qui a enrichi la langue française de l'expression : *coup de Jarnac*.

— Ha! l'expression vient de si loin, elle est donc noble, dit Finot.

— Tu pouvais ignorer cela en ta qualité d'ancien journaliste, dit Blondet.

— Il est des femmes, reprit gravement Bixiou, il est aussi des hommes qui peuvent scinder leur existence, et n'en donner qu'une partie (remarquez que je vous phrase mon opinion d'après la formule humanitaire). Pour ces personnes, tout intérêt matériel est en dehors des sentimens; elles donnent leur vie, leur temps, leur honneur à une femme, et trouvent qu'il n'est pas comme il faut de gaspiller entre soi du papier de soie où l'on grave : *La loi punit de mort le contrefacteur.* Par réciprocité, ils n'acceptent rien d'une femme. Oui, tout devient déshonorant s'il y a fusion des intérêts comme il y a fusion des ames. Cette doctrine se professe, elle s'applique rarement.

— Hé! dit Blondet, quelles vétilles! Le maréchal de Richelieu, qui se connaissait en galanterie, fit une pension de mille louis à madame de Lapopelinière, après l'aventure de la plaque de cheminée. Agnès Sorel apporta tout naïvement au roi Charles VII sa fortune, et le roi la prit. Jacques Cœur a entretenu la couronne de France, qui s'est laissée faire, et a été ingrate comme une femme.

— Messieurs, dit Bixiou, l'amour qui ne comporte pas une indissoluble amitié, me semble un libertinage momentané. Qu'est-ce qu'un entier abandon où l'on se réserve quelque chose? Entre ces deux doctrines, aussi opposées et aussi profondément immorales l'une que l'autre, il n'y a pas de réconciliation possible. Selon moi, les gens qui craignent une liaison aussi complète ont sans doute la croyance qu'elle peut finir, et adieu l'illusion : la passion qui ne se croit pas éternelle est hideuse. (Ceci est du Fénélon tout pur.) Aussi, ceux à qui le monde est connu, les observateurs, les gens comme il faut, les hommes bien gantés et bien cravatés, qui ne rougissent pas d'épouser une femme pour sa fortune, proclament-ils comme indispensable une complète scission des intérêts et des sentimens. Les autres sont des fous qui aiment, qui se croient seuls dans le monde avec leur maîtresse ! Pour eux, les millions sont de la boue ; le gant, le camélia porté par l'idole vaut des millions ! Si vous ne retrouvez jamais chez eux le vil métal dissipé, vous trouvez des débris de fleurs cachés dans de jolies boîtes de cèdre ! Ils ne se distinguent plus l'un de l'autre. Pour eux, il n'y a plus de *moi*. Toi, voilà leur verbe incarné. Que voulez-vous ? Empêcherez-vous cette maladie secrète du cœur ? Il y a des niais qui aiment sans aucune espèce de calcul, et il y a des sages qui calculent en aimant.

— Bixiou me semble sublime ! s'écria Blondet. Qu'en dit Finot ?

— Partout ailleurs, répondit Finot en se posant dans sa cravate, je dirais comme les gentleman ; mais ici je pense.....

— Comme les infâmes mauvais sujets avec lesquels tu as l'honneur d'être, reprit Bixiou.

— Ma foi oui, dit Finot.

— Et toi, dit Bixiou à Couture.

— Niaiseries! s'écria Couture. Une femme qui ne fait pas de son corps un marchepied pour faire arriver plus vite l'homme qu'elle distingue, est une femme qui n'a de cœur que pour elle.

— Et toi, Blondet?

— Moi, je pratique.

— Hé bien, reprit Bixiou de sa voix la plus mordante, Rastignac n'était pas de votre avis. Prendre et ne pas rendre est horrible et même un peu léger; mais prendre pour avoir le droit d'imiter le seigneur, en rendant le centuple, est un acte chevaleresque. Ainsi pensait Rastignac. Rastignac était profondément humilié de sa communauté d'intérêts avec Delphine de Nucingen. Je puis parler de ses regrets, je l'ai vu les larmes aux yeux déplorant sa position. Oui, il en pleurait véritablement et après souper! Hé bien, selon vous.....

— Ah ça, tu te moques de nous, dit Finot.

— Pas le moins du monde. Il s'agit de Rastignac, dont la douleur serait selon vous une preuve de sa corruption, car alors il aimait beaucoup moins Delphine! Mais que voulez-vous? le pauvre garçon avait cette épine au cœur : c'est un gentilhomme profondément dépravé, voyez-vous, et nous sommes de vertueux artistes. Donc, Rastignac voulait enrichir Delphine, lui pauvre, elle riche. Le croirez-vous! il y est parvenu. Rastignac, qui se serait battu comme Jarnac, passa dès lors à l'opinion de Henri II, en vertu de son grand mot : il n'y a pas de vertu absolue, mais des circonstances. Ceci tient à l'histoire de sa fortune.

— Tu devrais bien nous entamer ton conte au lieu de nous induire à nous calomnier nous-mêmes, dit Blondet avec une gracieuse bonhomie.

— Ha! ha! mon petit, lui dit Bixiou en lui donnant le baptême d'une petite tape sur l'occiput, tu te rattrapes au vin de Champagne.

— Hé, par le saint nom de l'actionnaire, dit Couture, raconte-nous ton histoire.

— J'y étais d'un cran, repartit Bixiou ; mais avec ton juron, tu me mets au dénouement.

— Il y a donc des actionnaires dans l'histoire, demanda Finot.

— Richissimes comme les tiens, lui répondit Bixiou.

— Il me semble, dit Finot d'un ton gourmé, que tu dois des égards à un bon enfant chez qui tu trouves dans l'occasion un billet de cinq cents.

— Garçon ! cria Bixiou.

— Que veux-tu au garçon ? lui dit Blondet.

— Faire rendre à Finot ses cinq cents francs,

afin de dégager ma langue et déchirer ma reconnaissance.

— Dis ton histoire, reprit Finot en feignant de rire.

— Vous êtes témoins, dit Bixiou, que je n'appartiens pas à cet impertinent qui croit que mon silence ne vaut que cinq cents francs! tu ne seras jamais ministre si tu ne sais pas jauger les consciences. Eh bien, oui, dit-il d'une voix câline, mon bon Finot, je dirai l'histoire sans personnalités, et nous serons quittes.

— Il va nous démontrer, dit en souriant Blondet, que Nucingen a fait la fortune de Rastignac.

— Tu n'en es pas si loin que tu le penses, reprit Bixiou. Vous ne connaissez pas ce qu'est Nucingen, financièrement parlant?

— Tu ne sais seulement pas, dit Blondet, un mot de ses débuts?

— Je ne l'ai connu que chez lui, dit Bixiou,

nhais nous pourrions nous être vus autrefois sur la grand'route.

— La prospérité de la maison Nucingen est un des phénomènes les plus extraordinaires de notre époque, reprit Blondet. En 1804, Nucingen était peu connu. Les banquiers d'alors auraient tremblé de savoir sur la place cent mille écus de ses acceptations. Ce grand financier sent son infériorité. Comment se faire connaître? Il suspend ses paiemens. Bon! Son nom, restreint à Strasbourg et au quartier Poissonnière, retentit sur toutes les places! il désintéresse son monde avec des valeurs mortes, et reprend ses paiemens. Aussitôt son papier se fait dans toute la France. Par une circonstance inouïe, les valeurs revivent, reprennent faveur, donnent des bénéfices. Le Nucingen est très-recherché. 1815 arrive, mon gars réunit ses capitaux, achète des fonds à la bataille de Waterloo, suspend ses paiemens au moment de la crise, liquide avec des actions dans les mines de Wortschin qu'il s'était procurées à vingt pour cent au-dessous de la valeur à laquelle il les émettait lui-même! oui, messieurs! Il prend à Reims cent cinquante mille bouteilles de vin de Champagne pour se couvrir dans la faillite Gendebien, autant à Durberghe en vins de Bordeaux; ces trois cent mille bouteilles *acceptées*, acceptées, mon cher, à trente sous, il les a fait boire aux alliés, à six francs, au Palais-Royal. Le papier de la maison Nucingen et son nom deviennent européens. Il s'est élevé sur l'abîme où d'autres auraient sombré : deux fois sa liquidation a produit d'immenses avantages à ses créanciers, il a voulu les rouer, impossible! Il passe pour le plus honnête homme du monde. A sa troisième suspension, son papier se fera en Asie, au Mexique, en Australasie, chez les Sauvages. Ouvrard est le seul qui l'ait deviné : « Quand Nucingen lâche son or, disait-il, croyez qu'il saisit des diamans! »

— Son compère du Tillet le vaut bien, dit

Finot. Songez donc que du Tillet est un homme qui, en fait de naissance, n'en a que ce qui nous est indispensable pour exister, et que ce gars, qui n'avait pas un liard en 1814, est devenu ce que vous le voyez; mais ce qu'aucun de nous (je ne parle pas de toi, Couture) n'a su faire, il a eu des amis au lieu d'avoir des ennemis; il a si bien caché ses antécédens, qu'il a fallu fouiller des égouts pour le trouver commis chez un parfumeur de la rue Saint-Honoré, pas plus tard qu'en 1814.

— Ta! ta! ta! reprit Bixiou, ne comparez jamais à Nucingen un petit *carotteur* comme du Tillet, un chacal qui réussit par son odorat, qui devine les cadavres et arrive le premier pour avoir le meilleur os. Voyez-les d'ailleurs? L'un a la mine aiguë des chats, il est maigre, élancé. L'autre est cubique, il est gras, il est lourd comme un sac, immobile comme un diplomate; il a la main épaisse et un regard de loup-cervier qui ne s'anime jamais; sa profondeur n'est pas en avant, mais en arrière : il est impénétrable, on ne le voit jamais venir, tandis que la finesse de du Tillet ressemble, comme le disait Napoléon de je ne sais qui, à du coton filé trop fin, il casse.

— Je ne vois à Nucingen d'autre avantage sur du Tillet que d'avoir le bon sens de deviner qu'un financier ne doit être que baron, tandis que du Tillet veut se faire nommer comte en Italie, dit Blondet.

— Blondet, un mot, mon enfant, reprit Couture. D'abord Nucingen a osé dire qu'il n'y a que des apparences d'honnête homme; mais pour le bien connaître il faut être dans les affaires. Chez lui, la banque est un très-petit département, il y a les fournitures du gouvernement, les vins, les laines, les indigos, enfin tout ce qui donne matière à un gain quelconque. Son génie embrasse tout : il vendrait des députés au ministère, et les Grecs aux Turcs. Pour lui le commerce est, dirait Cousin, la totalité des variétés, l'unité des spécialités. La banque envisagée ainsi devient toute une politique, elle exige une tête puissante, et porte alors un homme bien trempé à se mettre au-dessus des lois de la probité dans lesquelles il se trouve à l'étroit.

— Tu as raison, mon fils, dit Blondet. Mais nous seuls, nous comprenons que c'est alors la guerre portée dans le monde de l'argent. Le banquier est un conquérant qui sacrifie des masses pour arriver à des résultats cachés ; ses soldats sont les intérêts des particuliers, il a ses stratagèmes à combiner, ses embuscades à tendre, ses partisans à lancer, ses villes à prendre. La plupart de ces hommes sont si contigus à la politique, qu'ils finissent par s'en mêler, et leurs fortunes y succombent. La maison Necker s'y est perdue, le fameux Samuel Bernard s'y est presque ruiné. Dans chaque siècle, il se trouve un banquier de fortune colossale qui ne laisse ni fortune ni successeur. Les frères Pâris, qui contribuèrent à abattre Law, et Law lui-même auprès de qui tous ceux qui inventent des sociétés par actions sont des pygmées, Bouret, Baujon, tous ont disparu sans se faire représenter par une famille. La Banque est comme le Temps, elle dévore ses enfans. Pour pouvoir subsister, le banquier doit devenir noble, fonder une dynastie comme les prêteurs de Charles-Quint, les Fugger, créés princes de Babenhausen, et qui existent encore .... dans l'almanach de Gotha. La banque cherche la noblesse par instinct de conservation, et sans le savoir peut-être. Jacques Cœur a fait une grande maison noble, celle de Noirmoutier, éteinte sous Louis XIII. Quelle énergie chez cet homme, ruiné pour avoir fait un roi légitime! Il est mort prince d'une île de l'Archipel où il a bâti une magnifique cathédrale.

— Ah! si vous faites des cours d'histoire, nous sortons du temps actuel où le trône est destitué du droit de conférer la noblesse, où l'on fait des barons et des comtes à huis-clos, quelle pitié! dit Finot.

— Tu regrettes la savonnette à vilain, dit Bixiou, tu as raison. Je reviens à nos moutons. Connaissez-vous Beaudenord?—Non, non, non. Bien. Voyez comme tout passe! Le pauvre garçon était la fleur du dandysme il y a dix ans. Mais il a été si bien absorbé, que vous ne le connaissez pas plus que Finot ne connaissait tout-à-l'heure l'origine du coup de Jarnac (c'est pour la phrase et non pour te taquiner que je dis cela, Finot!). A la vérité, il appartenait au faubourg Saint-Germain. Eh bien, Beaudenord est le premier pigeon que je vais vous mettre en scène. D'abord, il se nommait Godefroid de Beaudenord. Ni Finot, ni Blondet, ni Couture, ni moi, nous ne méconnaîtrons un pareil avantage. Le gars ne souffrait point dans son amour-propre en entendant appeler ses gens au sortir d'un bal, quand trente jolies femmes encapuchonnées et flanquées de leurs maris et de leurs adorateurs, attendaient leurs voitures. Puis il jouissait de tous les membres que Dieu a donnés à l'homme : sain et entier, ni taie sur un œil, ni faux toupet, ni faux mollets ; ses jambes ne rentraient point en dedans, ne sortaient point en dehors; genoux sans engorgement, épine dorsale droite, main blanche et jolie, cheveux noirs ; teint ni rose comme celui d'un garçon épicier, ni trop brun comme celui d'un Calabrois; taille mince, enfin, chose essentielle ! Beaudenord n'était pas trop joli homme, comme le sont ceux de nos amis qui ont l'air de faire état de leur beauté, de ne pas avoir autre chose; mais ne revenons pas là-dessus, nous l'avons dit, c'est infâme ! Il tirait bien le pistolet, montait fort agréablement à cheval ; il s'était battu pour une vétille, et n'avait pas tué son adversaire. Savez-vous que pour faire connaître de quoi se compose un bonheur entier, pur, sans mélange, au dix-neuvième siècle, à Paris, et un bonheur de jeune homme de vingt-six ans, il faut entrer dans les infiniment petites choses de la vie ? Son bottier avait attrapé son pied et le chaussait bien, son tailleur aimait à l'habiller. Godefroid ne grasseyait pas, ne gasconnait pas, ne normandisait pas, il parlait purement et correctement, et mettait fort bien sa cravate, comme Finot. Cousin par alliance du marquis d'Aiglemont, son tuteur (il était orphelin de père et de mère, autre bonheur), il pouvait aller et allait chez les banquiers, sans que le faubourg Saint-Germain lui reprochât de les hanter, car heureusement un jeune homme a le droit de faire du plaisir son unique loi, de courir où l'on s'amuse, et de fuir les recoins sombres où fleurit le chagrin. Enfin il avait été vacciné (tu me comprends, Blondet). Malgré toutes ces vertus, il aurait pu se trouver très-malheureux. Hé ! hé ! le bonheur a le malheur de paraître signifier quelque chose d'absolu ; apparence qui induit tant de niais à demander : « Qu'est-ce que le bonheur ? » Une femme de beaucoup d'esprit disait : « Le bonheur est où on le met. »

— Elle proclamait une immense vérité, dit Blondet.

— Et morale, ajouta Finot.

— Archi-morale ! LE BONHEUR, comme LA VERTU, comme LE MAL, expriment quelque chose de relatif, répondit Blondet. Ainsi La Fontaine espérait que, par la suite des temps, les damnés s'habitueraient à leur position, et finiraient par être dans l'enfer comme les poissons dans l'eau.

— Les épiciers connaissent tous les mots de La Fontaine ! dit Bixiou.

— Le bonheur d'un homme de vingt-six ans qui vit à Paris, n'est pas le bonheur d'un homme de vingt-six ans qui vit à Blois, dit Blondet, sans entendre l'interruption. Ceux qui partent de là pour déblatérer contre l'instabilité des opinions sont des fourbes ou des ignorants. La médecine moderne, dont le plus beau titre de gloire est d'avoir, de 1799 à 1837, passé de l'état conjectural à l'état de science positive, et ce par l'influence de la grande école analyste de Paris, a démontré que, dans une certaine période, l'homme s'est complètement renouvelé......

— A la manière du couteau de Jeannot, et vous le croyez toujours le même, reprit Bixiou. Il y a donc plusieurs lozanges dans cet habit d'Arlequin que nous nommons le bonheur, eh bien, le costume de mon Godefroid n'y avait ni trous ni taches. Un jeune homme de vingt-six ans, qui serait heureux en amour, c'est-à-dire aimé, non à cause de sa florissante jeunesse, non pour son esprit, non pour sa tournure, mais irrésistiblement, pas même à cause de l'amour en lui-même, mais quand même cet amour serait abstrait, pour revenir au mot de Royer-Collard, ce susdit jeune homme pourrait fort bien ne pas avoir un liard dans la bourse que l'objet aimant lui aurait brodée, il pourrait devoir son loyer à son propriétaire, ses bottes à ce bottier déjà nommé, ses habits au tailleur qui finirait par se désaffectionner ; il pourrait être pauvre ! La misère gâte le bonheur du jeune homme qui n'a pas nos opinions transcendantes sur la fusion des intérêts. Je ne sais rien de plus fatigant que d'être moralement très-heureux et matériellement très-malheureux. N'est-ce pas avoir une jambe glacée comme la mienne par le vent coulis de la porte, et l'autre grillée par la braise du feu. J'espère être bien compris, il y a de l'écho dans la poche de ton gilet, Blondet ? Entre nous, laissons le cœur, il gâte l'esprit. Poursuivons ! Godefroid de Beaudenord avait donc l'estime de ses fournisseurs, car ses fournisseurs avaient assez régulièrement sa monnaie. La femme de beaucoup d'esprit déjà citée, et qu'on ne peut pas nommer parce que, malgré sa pléthore, elle vit....

— Qui est-ce ?

— La vicomtesse de Chamilly ! Elle disait qu'un jeune homme devait demeurer dans un entresol, n'avoir chez lui rien qui sentît le ménage, ni cuisinière, ni cuisine, être servi par un vieux domestique, et n'annoncer aucune prétention à la stabilité. Selon elle, tout autre établissement était de mauvais goût. Godefroid de Beaudenord, fidèle à ce programme, logeait quai Malaquais, dans un entresol ; néanmoins il avait été forcé d'avoir une petite similitude avec les gens mariés, en mettant dans sa chambre un lit d'ailleurs si étroit qu'il y tenait peu. Une Anglaise, entrée par hasard chez lui, n'y aurait pu rien trouver d'*improper*. Finot, tu te feras expliquer la grande loi de l'*improper* qui régit l'Angleterre ! Mais puisque nous sommes liés par un billet de mille, je vais t'en donner une idée, car je suis allé en Angleterre, moi ! (Bas à l'oreille de Blondet : Je lui donne de l'esprit pour plus de deux mille francs.) En Angleterre, tu te lies extrêmement avec une femme, pendant la nuit, au bal ou ailleurs ; tu la rencontres le lendemain dans la rue, et tu as l'air de la reconnaître : *improper!* Tu trouves à dîner, sous le frac de ton voisin de gauche, un homme charmant, de l'esprit, nulle morgue, du laisser-aller ; il n'a rien d'anglais ; suivant les lois de l'ancienne compagnie française, si accorte, si aimable, tu lui parles : *improper.* Vous abordez au bal une jolie femme afin de la faire danser : *improper.* Vous vous échauffez, vous discutez, vous riez, vous répandez votre cœur, votre ame, votre esprit dans votre conversation ; vous y exprimez des sentimens ; vous jouez quand vous êtes au jeu, vous causez en causant et vous mangez en mangeant : *improper! improper! improper!* Un des hommes les plus spirituels et les plus profonds de cette époque, Stendalh a très-bien caractérisé l'*improper* en disant qu'il est tel lord de la Grande-Bretagne qui, seul, n'ose pas se croiser les jambes devant son feu, de peur d'être *improper*. Une dame anglaise, fût-elle de la secte furieuse des *saints* (protestans renforcés qui laisseraient mourir toute leur famille de faim, si elle était *improper*), ne sera pas *improper* en faisant le diable à trois dans sa chambre à coucher, et se regardera comme perdue si elle reçoit un ami dans cette même chambre. Grâce à l'*improper*, on trouvera quelque jour Londres et ses habitans pétrifiés.

— Quand on pense qu'il est en France des niais qui veulent y importer les solennelles bêtises que les Anglais font chez eux avec ce beau sang-froid que vous leur connaissez, dit Blondet, il y a de quoi faire frémir quiconque a vu l'Angleterre et se souvient des gracieuses et charmantes mœurs françaises. Dans les derniers temps, Walter Scott, qui n'a pas osé peindre les femmes comme elles sont de peur d'être *improper*, se repentait d'avoir fait la belle figure d'*Effie* dans la Prison d'Édimbourg.

— Veux-tu ne pas être *improper* en Angleterre ? dit Bixiou à Finot.

— Hé bien ? dit Finot.

— Va voir aux Tuileries une espèce de pompier en marbre intitulé Thémistocle par le statuaire, et tâche de marcher comme la statue du commandeur, tu ne seras jamais *improper*. C'est par une application rigoureuse de la grande loi de l'*improper* que le bonheur de Godefroid se compléta. Voici l'histoire. Il avait un tigre, et non pas un groom, comme l'écrivent des gens qui ne savent rien du monde. Son tigre était un petit irlandais, nommé Paddy, Joby, Toby (à volonté), trois pieds de haut, vingt pouces de large, figure de belette, des nerfs d'acier faits au gin, agile comme un écureuil, menant avec une habileté qui ne s'est jamais trouvée en défaut ni à Londres ni à Paris, un œil de lézard, fin comme le mien, montant à cheval comme le vieux Franconi, les cheveux blonds comme ceux d'une vierge de Rubens, les joues roses, dissimulé comme un prince, instruit comme un avoué retiré, âgé de dix ans, enfin une vraie fleur de perversité, jouant et jurant, aimant les confitures et le punch, insulteur comme un feuilleton, hardi et chippeur comme un gamin de Paris. Il était l'honneur et le profit d'un célèbre lord anglais, auquel il avait déjà fait gagner sept cent mille francs aux courses. Le lord l'aimait beaucoup : son tigre était une curiosité, personne à Londres n'avait un tigre aussi petit ; sur un cheval de course, Joby avait l'air d'un faucon. Eh bien, il le renvoya, non pour gourmandise, ni pour vol, ni pour meurtre, ni pour criminelle conversation, ni pour défaut de tenue, ni pour insolence envers milady, non pour avoir troué les poches de la première femme de milady, non pour s'être laissé corrompre par les adversaires de mylord, aux courses ; non pour s'être amusé le dimanche, enfin pour aucun fait reprochable Toby eût fait toutes ces choses, il aurait même parlé à milord sans être interrogé, mylord lui aurait encore pardonné ce crime domestique. Milord aurait supporté bien des choses de Toby, tant milord y tenait. Son tigre menait une voiture à deux roues et à deux chevaux l'un devant l'autre, en selle sur le second, les jambes ne dépassant pas les brancards, ayant l'air enfin d'une de ces têtes d'anges que les peintres italiens sèment autour du Père éternel. Un journaliste anglais fit une délicieuse description de ce petit ange, il le trouva trop joli pour un tigre, il offrit de parier que Paddy était une tigresse apprivoisée. La description menaçait de s'envenimer et de devenir *improper* au premier chef, car le superlatif de l'*improper* est d'être pendu. Milord fut beaucoup loué de sa circonspection par milady. Toby ne put trouver de place nulle part, après s'être vu contester son état civil dans la zoologie britannique. En ce temps, Godefroid florissait à l'ambassade de France à Londres, où il apprit l'aventure de Toby, Joby, Paddy, Godefroid s'empara du tigre qu'il trouva pleurant auprès d'un pot de confitures, car l'enfant avait déjà perdu les guinées par lesquelles milord avait doré son malheur. A son retour, Godefroid de Beaudenord importa donc chez nous le plus charmant tigre de l'Angleterre, il fut connu par son tigre comme Couture s'est fait remarquer par ses gilets; aussi entra-t-il facilement dans la confédération du club dit aujourd'hui de Grammont. Il n'inquiétait aucune ambition après avoir renoncé à la carrière diplomatique, il n'avait pas un esprit dangereux, il fut bien reçu de tout le monde. Nous autres, nous serions offensés dans notre amour-propre en ne rencontrant que des visages rians, nous nous plaisons à voir la grimace amère de l'Envieux. Godefroid n'aimait pas être haï. A chacun son goût! Arrivons au solide, à la vie matérielle! Son appartement, où j'ai léché plus d'un déjeûner, se recommandait par un cabinet de toilette mystérieux, bien orné, plein de choses comfortables, à cheminée, à baignoire; sortie sur un petit escalier, portes battantes assourdies, serrures faciles, gonds discrets, fenêtres à carreaux dépolis, à rideaux impassibles. Si la chambre offrait et devait offrir le plus beau désordre que puisse souhaiter le peintre d'aquarelle le plus exigeant, si tout y respirait l'allure bohémienne d'une vie de jeune homme élégant, le cabinet de toilette était comme un sanctuaire : blanc, propre, rangé, chaud, point de vent coulis, tapis fait pour y sauter pieds nus, en chemise et effrayée. Là, est la signature du garçon vraiment petit-maître et sachant la vie! car là, pendant quelques minutes, il peut paraître ou sot ou grand dans les petits détails de l'existence qui révèlent le caractère. La comtesse déjà citée est sortie furieuse d'un cabinet de toilette, et n'y est jamais revenue, elle n'y avait rien trouvé d'*improper*. Godefroid y avait une petite armoire pleine...

— De camisoles! dit Finot.

— Allons, te voilà gros Turcaret, je ne te formerai jamais! Mais non, de gâteaux, de fruits, jolis petits flacons de vin de Malaga, de Lunel, un en-cas à la Louis XIV, tout ce qui peut amuser des estomacs délicats et bien appris, des estomacs de seize quartiers. Un vieux malicieux domestique, très-fort en l'art vétérinaire, servait les chevaux et pansait Godefroid, car il avait été à feu M. Beaudenord, et portait à Godefroid une affection invétérée, cette lèpre du cœur dont les caisses d'épargne ont fini par guérir les domestiques. Tout bonheur matériel repose sur des chiffres. Vous, à qui la vie parisienne est connue jusque dans ses exostoses, vous devinez qu'il lui fallait environ dix-sept mille livres de rentes, car il avait dix-sept francs d'impositions et mille écus de fantaisies. Eh bien, mes chers enfans, le jour où il se leva majeur, le marquis d'Aiglemont lui présenta des comptes de tutelle, comme nous ne serions pas capables d'en rendre à nos neveux, et lui remit une inscription de dix-huit mille livres de rente sur le grand-livre, reste de l'opulence paternelle étrillée par la grande réduction républicaine, et grêlée par les arriérés de l'empire. Ce vertueux tuteur le mit à la tête d'une trentaine de mille francs d'économies placées dans la maison Nucingen, en lui disant avec toute la grâce d'un grand-seigneur et le laisser-aller d'un soldat de l'empire qu'il lui avait ménagé cette somme pour ses folies de jeune homme. « Si tu m'écoutes, Godefroi, ajouta-t-il, au lieu de les dépenser sottement comme tant d'autres, fais des folies utiles, accepte une place d'attaché d'ambassade à Turin, de là va à Naples, de Naples reviens à Londres, et pour ton argent tu te seras amusé, instruit. Plus tard, si tu veux prendre une carrière, tu n'auras perdu ni ton temps ni ton argent. » Feu d'Aiglemont valait mieux que sa réputation, on ne peut pas en dire autant de nous.

— Un jeune homme qui débute à vingt et un ans avec dix-huit mille livres de rentes, est un garçon ruiné, dit Couture.

— S'il n'est pas avare, ou très-supérieur, dit Blondet.

—Godefroid séjourna dans quatre capitales de l'Italie, reprit Bixiou. Il vit l'Allemagne et l'Angleterre, un peu Saint-Pétersbourg, parcourut la Hollande ; mais il se sépara desdits trente mille francs en vivant comme s'il avait trente mille livre de rentes. Il trouva partout *le suprême de volaille, l'aspic*, et *les vins de France*, entendit parler français à tout le monde, enfin il ne sut pas sortir de Paris. Il aurait bien voulu se dépraver le cœur, se le cuirasser, perdre ses illusions, apprendre à tout écouter sans rougir, à parler sans rien dire, à pénétrer les secrets intérêts des puissances... Bah ! il eut bien de la peine à se munir de quatre langues, c'est-à-dire à s'approvisionner de quatre mots contre une idée ; il revint veuf de plusieurs douairières ennuyeuses, appelées *bonnes fortunes* à l'étranger, timide et peu formé, bon garçon, plein de confiance, incapable de dire du mal des gens qui lui faisaient l'honneur de l'admettre chez eux, ayant trop de bonne foi pour être diplomate, enfin ce que nous appelons un loyal garçon.

— Bref un *moutard* qui tenait ses dix-huit mille livres de rente à la disposition des premières actions venues, dit Couture.

— Ce diable de Couture a tellement l'habitude d'anticiper les dividendes, qu'il anticipe le dénoûment de mon histoire. Où en étais-je ? Au retour de Beaudenord. Quand il fut installé quai Malaquais, il arriva que mille francs au-dessus de ses besoins furent insuffisans pour sa part de loge aux Italiens et à l'Opéra. Quand il perdait vingt-cinq ou trente louis au jeu dans un pari, naturellement il payait ; puis il les dépensait en cas de gain, ce qui nous arriverait si nous étions assez bêtes pour nous laisser prendre à parier. Beaudenord, gêné dans ses dix-huit mille livres de rente, sentit la nécessité de créer ce que nous appelons aujourd'hui *le fonds de roulement*. Il tenait beaucoup *à ne pas s'enfoncer lui-même*, il alla consulter son tuteur : « Mon cher enfant, lui dit d'Aiglemont, les rentes arrivent au pair, vends tes rentes, j'ai vendu les miennes et celles de ma femme. Nucingen a tous mes capitaux et m'en donne six pour cent ; fais comme moi, tu auras un pour cent de plus, et ce un pour cent te permettra d'être tout-à-fait à ton aise. » En trois jours, notre Godefroid fut à son aise; ses revenus étant dans un équilibre parfait avec son superflu, son bonheur matériel fut complet. S'il était possible d'interroger tous les jeunes gens de Paris d'un seul regard, comme il paraît que la chose se fera lors du jugement dernier pour les milliards de générations qui auront pataugé sur tous les globes, en gardes nationaux ou en sauvages, et de leur demander si le bonheur d'un jeune homme de vingt-six ans ne consiste pas :

A pouvoir sortir à cheval, en tilbury, ou en cabriolet avec un tigre gros comme le poing, frais et rose comme Toby, Joby, Paddy ;

A avoir, le soir, pour douze francs, un coupé de louage très-convenable ;

A se montrer élégamment tenu suivant les lois vestimentales qui régissent huit heures, midi, quatre heures et le soir ;

A être bien reçu dans toutes les ambassades, et y recueillir les fleurs éphémères d'amitiés cosmopolites et superficielles ;

A être d'une beauté supportable, et à bien porter son nom, son habit et sa tête ;

A loger dans un charmant petit entre-sol arrangé comme je vous ai dit que l'était l'entresol quai Malaquais ;

A pouvoir inviter des amis à vous accompagner au Rocher de Cancale sans avoir interrogé préalablement son gousset, et n'être arrêté dans aucun de ses mouvements raisonnables par ce mot : Ah ! et de l'argent ?

A pouvoir renouveler les bouffettes roses qui embellissent les oreilles de ses trois chevaux pur sang, et avoir toujours une coiffe neuve à son chapeau ;

Tous, nous-mêmes, gens supérieurs, tous répondraient que ce bonheur est incomplet, que c'est la Magdeleine sans autel, qu'il faut aimer et être aimé, ou aimer sans être aimé, ou être aimé sans aimer, ou pouvoir aimer à tort et à travers. Arrivons au bonheur moral. Quand, en janvier 1825, il se trouva bien assis dans ses jouissances, après avoir pris pied et langue dans les différentes sociétés parisiennes où il lui plut d'aller, il sentit la nécessité de se mettre à l'abri d'une ombrelle, d'avoir à se plaindre d'une femme comme il faut, de ne pas mâchonner la queue d'une rose achetée dix sous à madame Prévost, à l'instar des petits jeunes gens qui gloussent dans les corridors de l'Opéra, comme des poulets en épinette ; enfin il résolut de rapporter ses sentimens, ses idées, ses affections à une femme, *une femme !* La FEMME ! AH ! Il conçut d'abord la pensée saugrenue d'avoir une passion malheureuse, il tourna pendant quelque temps autour de sa belle cousine, madame d'Aiglemont, sans s'apercevoir qu'un diplomate avait déjà dansé la valse de Faust avec elle. L'année 25 se passa en essais, en recherches, en coquetteries inutiles, l'objet aimant ne se trouva pas. Les passions sont extrêmement rares, faute de s'entendre. Dans cette époque, il s'est élevé tout autant de barricades dans les mœurs que dans les rues ! En vérité, mes frères, je vous le dis, l'*improper* nous gagne ! Comme on nous fait le reproche d'aller sur les brisées des peintres en portraits, des commissaires-priseurs et des marchandes de modes, je ne vous ferai pas subir la description de la personne en laquelle Godefroid reconnut sa femelle. Age, dix-neuf ans; taille, un mètre cinquante centimètres ; cheveux blonds, sourcils *idem*, yeux bleus, front moyen, nez courbé, bouche petite, menton court et relevé, visage ovale ; signes particuliers : néant. Tel, le passeport de l'objet aimé. Ne soyez pas plus difficiles que la police, les maires de toutes les villes et communes de France, que les gendarmes et autres autorités constituées. D'ailleurs, c'est le bloc de la Vénus de Médicis, parole d'honneur. La première fois que Godefroid alla chez madame de Nucingen, qui l'avait invité à l'un de ces bals par lesquels elle acquit, à bon compte, une certaine réputation, il y aperçut, dans un quadrille, la personne à aimer et fut émerveillé par cette taille d'un mètre cinquante centimètres. Ces cheveux blonds ruisselaient en cascades bouillonnantes sur une petite tête ingénue et fraîche comme celle d'une naïade qui aurait mis le nez à la fenêtre cristalline de sa source, pour voir les fleurs du printemps. (Ceci est notre nouveau style, des phrases qui filent comme notre macaroni tout-à-l'heure.) L'*idem* des sourcils, n'en déplaise à la préfecture de police, aurait pu demander six vers à l'aimable Parny, ce poëte badin les eût fort agréablement comparés à l'arc de Cupidon, en faisant observer que le trait était au-dessous, mais un trait sans force, épointé, car il y règne encore aujourd'hui la moutonne douceur que les devans de cheminée attribuent à madame de la Vallière, au moment où elle signe sa tendresse par devant Dieu, faute d'avoir pu la signer par devant notaire. Vous connaissez l'effet des cheveux blonds et des yeux bleus, combinés avec une danse molle, voluptueuse et décente ? une jeune personne ne vous frappe pas alors audacieusement au cœur, comme ces brunes qui par leur regard ont l'air de vous dire en mendiant espagnol : La bourse ou la vie ! cinq francs, ou je te méprise. Ces beautés insolentes (et quelque peu dangereuses !) peuvent plaire à beaucoup d'hommes ; mais, selon moi, la blonde qui a le bonheur de paraître excessivement tendre et complaisante, sans perdre ses droits de remontrance, de taquinage, de discours immodérés, de jalousie à faux et tout ce qui rend la femme adorable, sera toujours plus sûre de se marier que la brune ardente. Le bois est cher. Isaure, blanche comme une Alsacienne (elle avait vu le jour à Strasbourg et parlait l'allemand avec un petit accent français fort agréable), dansait à merveille. Ses pieds, dont l'employé de la police n'avait fait aucune mention, et qui cependant pouvaient trouver leur place sous la rubrique *signes particuliers*, étaient remarquables par leur petitesse, par ce jeu particulier que les vieux maîtres ont nommé *flic-flac*, et comparable au débit agréable de mademoiselle Mars, car toutes les muses sont frères, le danseur et le poète ont également les pieds sur terre. Les pieds d'Isaure conversaient avec une netteté, une précision, une légèreté, une rapidité de très-bon augure pour les choses du cœur.— « Elle a du *flic-flac !* » était le suprême éloge de Marcel, le seul maître de danse qui ait mérité le nom de grand. On a dit le grand Marcel comme le grand Frédéric, et du temps de Frédéric.

—A-t-il composé des ballets, demanda Finot.

— Oui, quelque chose comme les *Quatre Élémens*, l'*Europe galante*.

— Quel temps, dit Couture, que le temps où les grands seigneurs habillaient les danseuses !

— Et les déshabillaient, dit Finot.

— *Improper !* reprit Bixiou. Isaure ne s'élevait pas sur ses pointes, elle restait terre à terre, se balançait sans secousses, ni plus ni moins voluptueusement que doit se balancer une jeune personne. Marcel disait avec une profonde philosophie que chaque état avait sa danse : une femme mariée pouvait danser autrement qu'une jeune personne, un robin autrement qu'un financier, et un militaire autrement qu'un page ;

il allait même jusqu'à prétendre qu'un fantassin devait danser autrement qu'un cavalier, et de là il partait pour analyser toute la société. Toutes ces belles nuances sont bien loin de nous.

— Ah! dit Blondet, tu mets le doigt sur un grand malheur. Si Marcel eût été compris, la révolution française n'aurait pas eu lieu.

— Godefroid, reprit Bixiou, n'avait pas eu l'avantage de parcourir l'Europe, sans observer à fond les danses étrangères. Sans cette profonde connaissance en chorégraphie, qualifiée de futile, peut-être n'eût-il pas aimé cette jeune personne ; mais des trois cents invités qui se pressaient dans les beaux salons de la rue Saint-Lazare, il fut le seul à comprendre l'amour inédit que trahissait une danse aussi bavarde. On remarqua bien la manière d'Isaure d'Aldrigger ; mais, dans ce siècle où chacun s'écrie : Glissons, n'appuyons pas! l'un dit : Voilà une jeune fille qui danse fameusement bien (c'était un clerc de notaire)! L'autre : Voilà une jeune personne qui danse à ravir (c'était une dame en turban)! La troisième, une femme de trente ans : Voilà une petite personne qui ne danse pas mal! Revenons au grand Marcel, et disons en parodiant son plus fameux mot : Que de choses dans un avant-deux !

— Et allons un peu plus vite! dit Blondet, tu marivaudes.

— Isaure, reprit Bixiou, avait une simple robe de crêpe blanc ornée de rubans verts, un camélia dans ses cheveux, un camélia à sa ceinture, un autre camélia dans le bas de sa robe, et un camélia...

— Allons, voilà les trois cents chèvres de Sancho !

— C'est toute la littérature, mon cher! Clarisse est un chef-d'œuvre, il a quatorze volumes, le plus obtus vaudevilliste te le racontera dans un acte. Pourvu que je t'amuse, de quoi te plains-tu? Cette toilette était d'un effet délicieux, est-ce que tu n'aimes pas le camélia, veux-tu des dahlias? Non. Eh bien, un marron, tiens! « N'est-ce pas joli à épouser, dit Rastignac à Beaudenord en lui montrant la petite aux camélias blancs, purs et sans une feuille de moins. » Rastignac était un des intimes de Gofroid. — « Eh bien! j'y pensais, lui répondit à l'oreille Godefroid. J'étais occupé à me dire qu'au lieu de trembler à tout moment dans son bonheur, de jeter à grand'peine un mot dans une oreille inattentive, de regarder aux Italiens s'il y a une fleur rouge ou blanche dans une coiffure, s'il y a au bois une main gantée sur le panneau d'une voiture, comme cela se fait à Milan, au Corso;

Qu'au lieu de voler une bouchée de baba derrière une porte, comme un laquais qui achève une bouteille, d'user son intelligence pour donner et recevoir une lettre, comme un facteur;

Qu'au lieu de recevoir des tendresses infinies

en deux lignes, avoir cinq volumes in-folio à lire aujourd'hui, demain une livraison de deux feuilles, ce qui est fatigant ;

Qu'au lieu de se trainer dans les ornières et derrière les haies, il vaudrait mieux se laisser aller à l'adorable passion enviée par J.-J. Rousseau, aimer tout bonnement une jeune personne comme Isaure, avec l'intention d'en faire sa femme si, durant l'échange des sentimens, les cœurs se conviennent, enfin être Werther heureux ! » — « C'est un ridicule tout comme un autre, dit Rastignac sans rire. A ta place, peut-être me plongerais-je dans les délices infinies de cet ascétisme, il est neuf, original et peu coûteux. Ta *Monna Lisa* est suave, mais sotte comme une musique de ballet, je t'en préviens. » La manière dont Rastignac dit cette dernière phrase fit croire à Beaudenord que son ami avait intérêt à le désenchanter, et il le crut son rival en sa qualité d'ancien diplomate. Les vocations manquées déteignent sur toute l'existence. Godefroid s'amouracha si bien de mademoiselle Isaure d'Aldrigger, que Rastignac alla trouver une grande fille qui causait dans un salon de jeu, et lui dit à l'oreille : « Malvina, votre sœur vient de ramener dans son filet un poisson qui pèse dix-huit mille livres de rentes, il a un nom, une certaine assiette dans le monde et de la tenue. Surveillez-les. S'ils filent le parfait amour, ayez soin d'être la confidente d'Isaure pour ne pas lui laisser répondre un mot sans l'avoir corrigé. » Vers deux heures du matin, le valet-de-chambre vint dire à une petite bergère des Alpes, de quarante ans, coquette comme la Zerline de l'opéra de *Don Juan*, et auprès de laquelle se tenait Isaure : « La voiture de madame la baronne est avancée. » Godefroid vit alors sa beauté de ballade allemande entraîner sa mère fantastique dans le salon de partance, où ces deux dames furent suivies par Malvina. Godefroid, qui feignit, l'enfant! d'aller savoir dans quel pot de

confitures s'était blotti Joby, eut le bonheur
d'apercevoir Isaure et Malvina embobelinant
leur sémillante maman dans sa pelisse, et se
rendant ces petits soins de toilette exigés par
un voyage nocturne dans Paris. Les deux sœurs
l'examinèrent du coin de l'œil en chattes bien
apprises, qui lorgnent une souris sans avoir
l'air d'y faire attention. Il éprouva quelque satisfaction en voyant le ton, la mise, les manières du grand Alsacien en livrée, bien ganté,
qui vint apporter de gros souliers fourrés à ses
trois maîtresses. Jamais deux sœurs ne furent
plus dissemblables que l'étaient Isaure et Malvina. L'aînée, grande et brune, Isaure petite et
mince ; celle-ci les traits fins et délicats ; l'autre,
des formes vigoureuses et prononcées ; Isaure
était la femme qui règne par son défaut de
force, et qu'un lycéen se croit obligé de protéger ; Malvina était la femme « *d'Avez-vous vu
dans Barcelone ?* » A côté d'elle, Isaure faisait
l'effet d'une miniature auprès d'un portrait à

l'huile. — Elle est riche! dit Godefroid à Rastignac en rentrant dans le bal. — Qui! — Cette jeune personne. — Ah! Isaure d'Aldrigger. Mais oui. La mère est veuve, son mari a eu Nucingen dans ses bureaux. Veux-tu la revoir, tourne un compliment à ma belle-sœur, madame de Restaud qui donne un bal après demain, la baronne d'Aldrigger et ses deux filles y seront, tu seras invité. Pendant trois jours dans la chambre obscure de son cerveau, Godefroid vit *son* Isaure et les camélias blancs, et les airs de tête, comme lorsqu'après avoir contemplé long-temps un objet fortement éclairé, nous le retrouvons les yeux fermés sous une forme moindre, radieux et coloré, qui pétille au centre des ténèbres.

— Bixiou, tu tombes dans le phénomène, masse-nous des tableaux!

— Voilà! reprit Bixiou en se posant comme un garçon de café, voilà, messieurs, le tableau demandé! Attention, Finot! il faut tirer sur ta bouche comme un cocher de coucou sur celle de sa rosse! Madame Théodora-Marguerite-Wilhelmine-Adolphus (de la maison Adolphus et compagnie, de Manheim), veuve du baron d'Aldrigger, n'était pas une bonne grosse Allemande, compacte et réfléchie, blanche, à visage doré comme la mousse d'un pot de bière, enrichie de toutes les vertus patriarcales dont la Germanie est, romancièrement parlant, en possession. Elle avait les joues encore fraîches, colorées aux pommettes comme celles d'une poupée de Nuremberg, des tire-bouchons très-éveillés aux tempes, les yeux agaçans, pas le moindre cheveu blanc, une taille mince, et dont les prétentions étaient mises en relief par des robes à corset; elle avait au front et aux tempes quelques rides involontaires qu'elle aurait bien voulu, comme Ninon, exiler à ses talons; mais les rides persistaient à dessiner leurs zigs-zags aux endroits les plus visibles; le tour du nez se fanait, et le bout rougissait, ce qui était d'autant plus gênant qu'il s'harmoniait à la couleur des pommettes. En qualité d'unique héritière, gâtée par ses parens, gâtée par son mari, gâtée par la ville de Strasbourg, et toujours gâtée par ses deux filles qui l'adoraient, la baronne se permettait le rose, la jupe courte, le nœud à la pointe du corset qui lui dessinait la taille. Quand un Parisien la voit passant sur le boulevard, il sourit, la condamne sans admettre les circonstances atténuantes, le moqueur est toujours un être superficiel et conséquemment cruel; le drôle ne tient aucun compte de la part qui revient à la société dans le ridicule dont il rit.

— Ce que je trouve de beau dans Bixiou, dit Blondet, c'est qu'il est complet; quand il ne raille pas les autres, il se moque de lui-même.

— Blondet, je te revaudrai cela, dit Bixiou. Si cette petite baronne était évaporée, insouciante, égoïste, incapable de calcul, la respon-

sabilité de ses défauts revenait à la maison
Adolphus et compagnie de Manheim, à l'amour
aveugle du baron d'Aldrigger. La baronne
était douce comme un agneau, elle avait le cœur
tendre, facile à émouvoir, mais malheureusement l'émotion durait peu et conséquemment
se renouvelait souvent. Quand le baron mourut,
elle faillit le suivre, tant sa douleur fut violente
et vraie; le lendemain, à déjeûner, on lui servit
des petits pois qu'elle aimait, et ces délicieux
petits pois calmèrent la crise. Elle était si aveuglément aimée par ses deux filles, par ses gens,
que toute la maison fut heureuse d'une circonstance qui leur permettait de dérober à la baronne le spectacle douloureux du convoi. Isaure
et Malvina, ses deux filles, lui cachèrent leurs
larmes, et l'occupèrent à choisir ses habits de
deuil, à les commander pendant que l'on chantait le *Requiem*. Quand un cercueil est placé
sous ce grand catafalque noir et blanc, taché de
cire, qui a servi à trois mille cadavres de gens

comme il faut avant d'être réformé, selon l'estimation d'un croquemort philosophe que j'ai consulté sur ce point, entre deux *verres de petit blanc* ; quand un bas clergé très-indifférent braille le *Dies iræ*, quand le haut clergé non moins indifférent dit l'office, savez-vous ce que disent les amis vêtus de noir, assis ou debout dans l'église ? (Voilà le tableau demandé.) Tenez, les voyez-vous ? — Combien croyez-vous que laisse M. d'Aldrigger ? disait Desroches à Taillefer, qui nous a fait faire avant sa mort la plus belle orgie connue.....

— Est-ce que Desroches était avoué dans ce temps-là ?

— Il venait de traiter, dit Couture. Et c'était hardi pour le fils d'une veuve qui tenait un estaminet au Palais-Royal.

— Desroches !

— Oui, dit Bixiou, Desroches a roulé comme nous sur les fumiers du *Jobisme*. Ennuyé de porter des habits trop étroits et à manches trop courtes, il avait dévoré le Droit par désespoir, et venait d'acheter un titre nu. Il était avoué sans le sou, sans clientelle, sans autres amis que nous, et devait payer les intérêts d'une charge et d'un cautionnement.

— Il me faisait alors l'effet d'un tigre sorti du Jardin-des-Plantes, dit Couture. Maigre, à cheveux roux, les yeux couleur tabac d'Espagne, un teint aigre, l'air froid et flegmatique, mais âpre à la veuve, tranchant sur l'orphelin, travailleur, la terreur de ses clercs qui ne devaient pas perdre leur temps, instruit, retors, double, d'une élocution mielleuse, ne s'emportant jamais, haineux à la manière de l'homme judiciaire.

— A Paris, dit Blondet, l'avoué n'a que deux nuances : il y a l'avoué honnête homme qui demeure dans les termes de la loi, pousse les procès, ne court pas les affaires, ne néglige rien, conseille ses cliens avec loyauté, les fait transiger sur les points douteux, un Derville enfin.

Puis il y a l'avoué famélique à qui tout est bon pourvu que les frais soient assurés, qui ferait battre, non pas des montagnes, il les vend, mais des planètes, qui se charge du triomphe d'un coquin sur un honnête homme, quand par hasard l'honnête homme ne s'est pas mis en règle. Quand un de ces avoués-là fait un tour de maître Gonin un peu trop fort, la chambre le force à vendre. Desroches, notre ami Desroches, a compris ce métier assez pauvrement fait par de pauvres hères : il a acheté des causes aux gens qui tremblaient de les perdre et les a gagnées, il s'est rué sur la chicane en homme déterminé à sortir de la misère. Il a eu raison, car il a trouvé des protecteurs dans les hommes politiques dont il a sauvé les affaires embarrassées en manœuvrant avec habileté, comme pour notre cher des Lupeaulx, dont il a sauvé la position compromise. Voyons, Bixiou, pourquoi se trouvait-il dans l'église?

— D'Aldrigger laisse sept ou huit cent mille

francs! repondit Taillefer à Desroches. — Ah! bah! il n'y a qu'une personne qui connaisse *leur* fortune, dit Werbrust qui était ami du défunt. — Qui? — Ce gros malin de Nucingen, il ira jusqu'au cimetière, d'Aldrigger a été son patron, et par reconnaissance il faisait valoir les fonds du bonhomme. — Sa veuve va trouver une bien grande différence! — Comment l'entendez-vous? — Mais d'Aldrigger aimait tant sa femme! Ne riez donc pas, on nous regarde. — Tiens, voilà du Tillet, il est bien en retard, il arrive à l'Épître. — Il épousera sans doute l'aînée. — Est-ce possible? dit Desroches, il est plus que jamais engagé avec madame Roguin. — Lui engagé, vous ne le connaissez pas! — Savez-vous la position de Nucingen et de du Tillet? demanda Desroches. — La voici, dit Taillefer : Nucingen n'est pas homme à dévorer le capital de son ancien patron. — Heu! heu! fit Werbrust. Il fait diablement humide dans les églises, heu! heu! — Hé bien! Nucingen sait que du Tillet a une immense fortune, il veut le marier à Malvina, du Tillet se défie de Nucingen, et pour qui voit le jeu, cette partie est amusante. — Comment, dit Werbrust, déjà bonne à marier! Comme nous vieillissons vite! — Malvina d'Aldrigger a vingt ans, mon cher. Le bonhomme s'est marié en 1800; il nous a donné d'assez belles fêtes à Strasbourg pour son mariage et pour la naissance de Malvina. C'était en 1801, à la paix d'Amiens, et nous sommes en 1821, papa Werbrust. Dans ce temps-là, l'on ossianisait tout, il a nommé sa fille Malvina. Six ans après, sous l'empire, il y a eu pendant quelque temps une fureur pour les choses chevaleresques, c'était : *Partant pour la Syrie*, un tas de bêtises. Il a nommé sa seconde fille Isaure, elle a quatorze ans. Voilà deux filles à marier. — Ces femmes n'auront pas le sou dans dix ans, dit Werbrust à Desroches. — Il y a, répondit Taillefer, le valet de chambre de d'Aldrigger, ce vieux qui beugle au fond de l'église, il a vu élever ces deux demoiselles, il est capable de tout pour leur conserver de quoi vivre. (Les chantres : *dies iræ !*) Les enfans de chœurs : *dies illa !* (Taillefer : — Adieu, Werbrust, en entendant le *dies iræ*, je pense trop à mon pauvre fils. — Je m'en vais aussi, il fait trop humide, dit Werbrust. (*In favilla.*) (Les pauvres à la porte : Quelques sous mes chers messieurs !) (Le suisse : Pan ! pan ! *pour les besoins de l'église.* Les chantres : *Amen !* Un ami : — De quoi est-il mort ? Un curieux farceur : — D'un vaisseau rompu dans le talon. Un passant : — Savez-vous quel est le personnage qui s'est laissé mourir ? — M. le président de Montesquieu. Le sacristain aux pauvres : — Allez-vous-en donc, on a des pauvres payés !)

— Quelle verve ! dit Couture.

(En effet il nous semblait entendre tout le mouvement qui se fait dans une église, car Bixiou imita par un remuement de pieds le bruit des gens qui s'en vont avec le corps.)

— Il y a des poètes, des romanciers, des écrivains qui disent beaucoup de belles choses sur les mœurs parisiennes, reprit Bixiou, mais voilà la vérité sur les enterremens. Sur cent personnes qui rendent les derniers devoirs à un pauvre diable de mort, quatre-vingt-dix-neuf parlent d'affaires, et pour observer quelque pauvre petite vraie douleur, il faut des circonstances impossibles. Encore! y a-t-il une douleur sans égoïsme! heu! heu! Il n'y a rien de moins respecté que la mort, peut-être est-ce ce qu'il y a de moins respectable, c'est si commun! Quand le service fut fini, Nucingen et du Tillet accompagnèrent le défunt au cimetière, le vieux valet de chambre allait à pied, le cocher menait la voiture derrière le corbillard. — *Hé pien! ma ponne ami*, dit Nucingen à du Tillet en tournant le boulevard, *location est pelle pire episer Malfina : fous serez le brudecdir teu zette baufre famille han plires*, *visse saurez eine famille, ine indérir ; vous drouferez eine mison doute mondée, et Malfina cerdes est ine frais tressor.*

— Il me semble entendre parler ce vieux Robert Macaire de Nucingen ! dit Finot.

— Une charmante personne, reprit Ferdinand du Tillet avec feu, mais sans s'échauffer. Elle peut paraître laide à ceux qui ne la connaissent pas, mais, je l'avoue, elle a de l'âme.

— *Et tu quir, c'est le pon, mon cher, il aura ti téfuement et te l'indelligence. Tans nodre ohin de médier, in ne sait ni ki fit, ni ki mire ; c'est in crant ponhire ki te pufoir se confire au quir te sa femme. Che droguerais bienne Telphine qui, fous le safez, m'a abordé plis d'eine million gondre Malfina qui n'a pas ine daute aussi grante.*

— Mais qu'a-t-elle ? — *Che ne sais pas au chiste,* dit le baron de Nucingen, *mais il a keke chausse* — Elle a une mère qui aime bien le rose ! dit du Tillet. Après le dîner, le baron de Nucingen apprit à la Wilhelmine-Adolphus qu'il lui restait à peine quatre cent mille francs chez lui. La fille des Adolphus de Manheim, réduite à vingt-quatre mille livres de rentes, se perdit dans des calculs qui se brouillaient dans sa tête. — Comment! disait-elle à Malvina, comment! j'ai toujours eu six mille francs pour nous chez la couturière! mais où ton père prenait-il de l'argent? Nous n'aurons rien avec vingt-quatre mille francs, nous sommes dans la misère. Ah! si mon père me voyait ainsi déchue, il en mourrait, s'il n'était pas mort déjà! Pauvre Wilhelmine! Et elle se mit à pleurer. Malvina, ne sachant comment consoler sa mère, lui représenta qu'elle était encore jeune et jolie, le rose lui seyait toujours, elle irait à l'Opéra, aux Bouffons dans la loge de madame de Nucingen. Elle endormit sa mère dans un rêve de fêtes, de bals, de musique, de belles toilettes et de succès, qui commença sous les rideaux d'un lit en soie bleue, dans une chambre élégante, contiguë à celle où, deux nuits auparavant, avait expiré M. Jean-Baptiste baron d'Aldrigger, dont voici l'histoire en trois mots. En son vivant, ce respectable Alsacien, banquier à Strasbourg, s'était enrichi d'environ trois millions. En 1800, à l'âge de trente-six ans, à l'apogée d'une fortune faite pendant la révolution, il avait épousé, par ambition et par inclination, l'héritière des Adolphus de Manheim, jeune fille adorée de toute une famille dont elle recueillit la fortune dans l'espace de dix années. D'Aldrigger fut alors baronifié par S. M. l'empereur et roi, car sa fortune se doubla; mais il se passionna pour le grand homme qui l'avait titré; donc, entre 1814 et 1815, il se ruina pour avoir pris au sérieux le soleil d'Austerlitz. L'honnête alsacien ne suspendit pas ses paiemens, ne désintéressa pas ses créanciers avec les valeurs qu'il regardait comme mauvaises; il paya tout à bureau ouvert, se retira de la banque, et mérita le mot de son ancien premier commis, Nucingen : « Honnête homme, mais bête ! » Tout compte fait, il lui resta cinq cent mille francs et des recouvremens sur l'empire qui n'existait plus. — *Foilà ze gue z'est gué t'afoir drop cri anne Néppolion*, dit-il en voyant le résultat de sa liquidation. Lorsqu'on a été les premiers d'une ville, le moyen d'y rester amoindri ; le banquier de l'Alsace fit comme font tous les provinciaux ruinés, il vint à Paris, il y porta courageusement des bretelles tricolores sur lesquelles étaient brodées les aigles impériales et s'y concentra dans la société bonapartiste. Il remit ses valeurs au baron qui lui donna huit pour cent du tout, en acceptant ses créances impériales à soixante pour cent seulement de perte, ce qui fut cause que d'Aldrigger serra la main de Nucingen, en lui disant : — *J'édais pien sir te de droufer le quir d'in Elsacien !* Nucingen se fit intégralement payer par notre ami des Lupeaulx. Quoique bien étrillé, l'Alsacien eut un revenu industriel de quarante-quatre mille francs. Son chagrin se compliqua du *spleen* dont sont saisis les gens habitués à vivre par le jeu des affaires quand ils en sont sevrés, le banquier se donna pour tâche de se sacrifier, noble cœur ! à sa femme, dont la fortune venait d'être dévorée, et qu'elle avait laissé prendre avec la facilité d'une fille à qui les affaires d'argent étaient tout-à-fait inconnues. Sa femme retrouva donc les jouissances auxquelles elle était habituée, le vide que pouvait lui causer la société de Strasbourg fut comblé par les plaisirs de Paris : la maison Nucingen tenait déjà comme elle tient encore le haut bout de la société financière, et le baron habile mit son honneur à bien traiter le baron honnête. Cette belle vertu faisait bien chez lui. Chaque hiver écornait le capital, mais le baron n'osait faire le moindre reproche à la perle des Adolphus. Sa tendresse fut la plus ingénieuse et la plus inintelligente qu'il y eût en ce monde. Brave homme, mais bête ! Il mourut, en se demandant : « Que deviendront-elles sans moi? » Puis, dans un moment où il fut seul avec son vieux valet de chambre Wirth, le bonhomme, entre deux étouffemens, lui recommanda sa femme et ses deux filles, comme si ce Caleb d'Alsace était le seul être raisonnable qu'il y eût dans la maison. Six ans après, en 1826, Isaure était âgée de vingt ans et Malvina n'était pas mariée. En allant dans le monde Malvina avait fini par remarquer combien les relations y sont superficielles, combien tout y est examiné, défini. Semblable à la plupart des filles dites *bien élevées*, Malvina ignorait le mécanisme de la vie, l'importance de la fortune, la difficulté de l'acquérir, le prix des choses; aussi, pendant ces six années, chaque enseignement avait-il été une blessure. Les quatre cent mille francs laissés à la maison Nucingen furent portés au crédit de la baronne, car la succession de son mari lui redevait douze cent mille francs; et dans les momens de gêne, la bergère des Alpes y puisait comme dans une caisse inépuisable. Au moment où notre pigeon s'avançait vers sa colombe, Nucingen, connaissant le caractère de son ancienne patronne, avait dû s'ouvrir à Malvina sur la situation financière où elle se trouvait : il n'y avait plus que trois cent mille francs chez lui, les vingt-quatre mille livres de rente se trouvaient donc réduites à dix-huit mille. Wirth avait maintenu la position pendant six ans ! Après la confidence du banquier, les chevaux furent réformés, la voiture fut vendue et le cocher congédié par Malvina, à l'insu de sa mère ; le mobilier de l'hôtel, qui comptait dix années d'existence, ne put être renouvelé, mais tout s'était fané en même temps. Pour ceux qui aiment l'harmonie, il n'y avait que demi-mal. La baronne, cette fleur si bien conservée, avait pris l'aspect d'une rose froide et grippée qui reste unique dans un buisson au milieu de novembre. Moi qui vous parle, j'ai vu cette opulence se dégrader par teintes, par demi-tons! Effroyable! parole d'honneur. Ç'a été mon dernier chagrin, après je me suis dit : C'est bête de prendre tant d'intérêt aux autres! Pendant que j'étais employé, j'avais la sottise de m'intéresser à toutes les maisons où je dînais, je les défendais en cas de médisance, je ne les calomniais pas, je...... Oh j'étais un enfant! Quand sa fille lui eut expliqué sa position, la ci-devant perle s'écria : — Mes pauvres enfans! qui donc me fera mes robes? Je ne pourrai donc plus avoir de bonnets frais? ni recevoir, ni aller dans le monde!

— A quoi pensez-vous que se reconnaisse l'amour chez un homme? dit Bixiou en s'interrompant, il s'agit de savoir si Beaudenord était vraiment amoureux de cette petite blonde.

— Il néglige ses affaires, répondit Couture.

— Il met trois chemises par jour, dit Finot.

— Une question préalable? dit Blondet,

un homme supérieur peut-il et doit-il être amoureux?

— Mes amis, reprit Bixiou d'un air sentimental, gardons-nous comme d'une bête venimeuse de l'homme qui, se sentant pris d'amour pour une femme, fait claquer ses doigts ou jette son cigare en disant :—Bah! il y en a d'autres dans le monde! mais le gouvernement peut l'employer dans le ministère des affaires étrangères. Blondet, je te fais observer que Godefroid avait quitté la diplomatie.

— Hé bien, il a été absorbé, l'amour est la seule chance qu'aient les sots pour se grandir.

— Blondet, Blondet, pourquoi donc sommes-nous si pauvres?

— Et pourquoi Finot est-il riche? reprit Blondet. Je te le dirai, va mon fils, nous nous entendons. Allons, voilà Finot qui me verse à boire comme si j'avais monté son bois. Mais à la fin d'un dîner, on doit *siroter* le vin. Eh bien?

— Tu l'as dit, l'absorbé Godefroid fit ample connaissance avec la grande Malvina, la légère baronne et la petite danseuse. Il tomba dans le servantisme le plus minutieux et le plus astringent. Ces restes d'une opulence cadavéreuse ne l'effrayèrent pas. Ah bah! il s'habitua par degrés à toutes ces guenilles ; jamais le lampasse vert à ornemens blancs du salon ne devait lui paraître ni passé, ni vieux, ni taché, ni bon à remplacer; les rideaux, la table à thé, les chinoiseries étalées sur la cheminée, le lustre rococo, le tapis façon cachemire qui montrait la corde, le piano, le petit service flourcté, les serviettes frangées et aussi trouées à l'espagnole, le salon de Perse qui précédait la chambre à coucher bleue de la baronne, avec ses accessoires, tout était saint et sacré. Les femmes stupides et chez qui la beauté brille de manière à laisser dans l'ombre l'esprit, le cœur, l'ame, peuvent seules inspirer de pareils oublis, car une femme d'esprit n'abuse jamais de ses avantages. Beaudenord, il me l'a dit, aimait le vieux et solennel Wirth! Ce vieux drôle avait pour lui le respect d'un croyant catholique pour l'Eucharistie, car l'honnête Wirth était un Gaspard allemand, un de ces buveurs de bière qui enveloppent leur finesse de bonhomie, comme un cardinal moyen-âge, son poignard dans sa manche. Wirth voyant un mari pour Isaure, entourait Godefroid des ambages et circonlocutions arabesques de sa bonhomie alsacienne, la glu la plus adhérente de toutes les matières collantes. Madame d'Aldrigger, cette mère profondément *improper*, trouvait l'amour la chose la plus naturelle. Quand Isaure et Malvina sortaient ensemble et allaient aux Tuileries ou aux Champs-Elysées, où elles devaient rencontrer des jeunes gens de leur société, la mère leur disait : — « Amusez-vous bien, mes chères filles ! » Leurs amis, les seuls qui pussent les calomnier, les défendaient, car l'excessive liberté que chacun avait dans le salon des d'Aldrigger, en faisait un endroit unique à Paris. Avec des millions on aurait obtenu difficilement de pareilles soirées où l'on parlait de tout avec esprit, où la mise soignée n'était pas de rigueur, où l'on était à son aise. Les deux sœurs écrivaient à qui leur plaisait, recevaient tranquillement des lettres, à côté de leur mère, sans que jamais la baronne eut l'idée de leur demander de quoi il s'agissait; l'adorable mère donnait à ses filles tous les bénéfices de son égoïsme, la passion la plus aimable du monde, en ce sens que les égoïstes ne voulant pas être gênés, ne gênent personne, et n'embarrassent point la vie de ceux qui les entourent par les ronces du conseil, par les épines de la remontrance, ni par les taquinages de guêpe que se permettent les amitiés excessives qui veulent tout savoir, tout contrôler....

— Tu me vas au cœur, dit Blondet. Mais

mon cher, tu ne racontes pas, tu *blagues*.....

— Blondet, si tu n'étais pas gris tu me ferais de la peine! De nous quatre, il est le seul homme sérieusement littéraire; à cause de lui, je vous fais l'honneur de vous traiter en gourmets, je vous distille goutte à goutte mon histoire, et il me critique! Mes amis, la plus grande marque de stérilité spirituelle est l'entassement des faits. L'art consiste à bâtir un palais sur la pointe d'une aiguille, et le mythe de mon idée est dans la baguette des fées qui peut faire de la plaine des Sablons, un *Interlachen*, en dix secondes, le temps de vider ce verre! Voulez-vous que je vous fasse un récit qui aille comme un boulet de canon, un rapport général en chef. Nous causons, nous rions, ce journaliste bibliophobe à jeun veut quand il est ivre que je donne à ma langue la sotte allure d'un livre (il feignit de pleurer). Malheur à l'imagination française et aux aiguilles de sa plaisanterie! *Dies iræ*. Pleurons Candide, et vive la *Critique de la raison pure!* la *symbolique*, et les systèmes en cinq volumes compactes, imprimés par des Allemands qui ne les savaient pas à Paris depuis 1750, en quelques mots fins, les diamans de l'intelligence. Blondet mène le convoi de son suicide, lui qui fait les derniers mots de tous les grands hommes qui nous meurent sans rien dire !

— Va ton train, dit Finot.

— J'ai voulu vous expliquer en quoi consiste le bonheur d'un homme qui n'est pas actionnaire, eh bien ne voyez-vous pas maintenant à quel prix Godefroid se procura le bonheur le plus étendu que puisse rêver un jeune homme. Il étudiait Isaure pour être sûr d'être compris ; les choses qui se comprennent doivent être similaires, et il n'y a de pareils à eux-mêmes que le néant et l'infini ; le néant est la bêtise, le génie est l'infini. Les deux amans s'écrivaient les plus stupides lettres du monde, en se renvoyant sur du papier parfumé des mots à la mode : *ange ! harpe éolienne ! avec toi je serai complet ! il y a un cœur dans ma poitrine d'homme ! faible femme ! pauvre moi !* etc. Godefroid restait à peine dix minutes dans un salon, il causait sans aucune prétention avec les femmes, elles le trouvèrent alors très-spirituel, il était de ceux qui n'ont d'autre esprit que celui qu'on leur prête. Enfin, Joby, ses chevaux, ses voitures devinrent des choses secondaires dans son existence. Il n'était heureux qu'enfoncé dans sa bonne bergère en face de la baronne, au coin de cette cheminée de marbre vert antique, occupé à voir Isaure, à prendre du thé en causant avec le petit cercle d'amis qui venaient tous les soirs entre onze heures et minuit, rue Joubert, et où on pouvait toujours jouer à la bouillotte sans crainte, j'y ai toujours gagné. Quand Isaure avait avancé son joli petit pied chaussé d'un soulier de satin noir et que Godefroid l'avait long-temps regardé, il restait le dernier et disait à Isaure : — Donne-moi ton soulier.... Isaure levait le pied, le posait sur une chaise, ôtait son soulier, le lui donnait en lui jetant un regard, un de ces regards ! enfin vous comprenez. Godefroid finit par découvrir un grand mystère chez Malvina, la fille aînée. Quand du Tillet frappait à la porte, la rougeur vive qui colorait les joues de Malvina, disait : Ferdinand ! En le regardant, ses yeux s'allumaient comme un brasier sur lequel afflue un courant d'air ; elle trahissait un plaisir infini quand Ferdinand l'emmenait pour faire un *a parte* près d'une console ou d'une croisée. Comme c'est rare et beau, une femme assez amoureuse pour devenir naïve et laisser lire dans son cœur ! Mon Dieu, c'est aussi rare à Paris, que la fleur qui chante l'est aux Indes. Malgré cette amitié commencée depuis le jour où les d'Aldrigger apparurent chez les Nucingen, Ferdinand n'épousait pas Malvina. L'ami du Tillet n'avait pas paru jaloux de la cour assidue que Desroches faisait à Malvina, car pour achever de payer sa charge avec une dot qui ne paraissait pas être moindre de cinquante mille écus, il avait feint l'amour, lui homme de palais! Quoique profondément humiliée de l'insouciance de du Tillet, Malvina l'aimait trop pour lui fermer la porte. Chez cette fille, tout ame, tout sentiment, toute expansion, tantôt la fierté cédait à l'amour, tantôt l'amour offensé laissait la fierté prendre le dessus. Calme et froid, notre ami Ferdinand acceptait cette tendresse, il la respirait avec les tranquilles délices du tigre léchant le sang qui lui teint la gueule. Il en venait chercher les preuves; il ne passait pas deux jours sans se montrer rue Joubert; le drôle possédait alors environ quinze cent mille francs, la question de fortune devait être peu de chose à ses yeux, et il avait résisté non-seulement à Malvina, mais aux barons de Nucingen et de Rastignac, qui, tous deux, lui avaient fait faire soixante-quinze lieues par jour, à quatre francs de guides, postillon en avant, et sans fil! dans les labyrinthes de leur finesse. Godefroid ne put s'empêcher de parler à sa future belle-sœur de la situation ridicule où elle était entre un banquier et un avoué. — Vous voulez me sermoner au sujet de Ferdinand, et savoir le secret qu'il y a entre nous, dit-elle avec franchise, cher Godefroid; n'y revenez jamais, ne croyez à rien de vulgaire : ni sa naissance, ni ses antécédens, ni sa fortune n'y sont pour quelque chose. Cependant, à quelques jours de là, Malvina le prit à part, et lui dit : — Je ne crois pas M. Desroches honnête homme ( ce que c'est que l'instinct de l'amour!), il voudrait m'épouser, et fait la cour à la fille d'un épicier. Je voudrais bien savoir si je suis un pis-aller, si le mariage est pour lui une affaire d'argent. Malgré la profondeur de son esprit, Desroches ne pouvait deviner du Tillet, et il craignait de lui voir épouser Malvina. Donc, le gars s'était ménagé une retraite, sa position était intolérable, il gagnait à peine, tous frais faits, les intérêts de sa dette. Les femmes ne comprennent rien à ces situations-là. Pour elles, le cœur est toujours millionnaire !

— Mais comme ni Desroches, ni du Tillet ne sont mariés, dit Finot, explique-nous le secret de Ferdinand ?

— Le secret, le voici. Règle générale : une jeune personne qui a donné une seule fois son soulier, le refusât-elle pendant dix ans, n'est jamais épousée par celui à qui....

— Bêtise ! dit Blondet en interrompant. Le secret, le voici : Règle générale, ne vous mariez pas sergent, quand vous pouvez devenir duc de Dantzick et maréchal de France.

— La mère de Desroches avait une amie, reprit Bixiou, une femme de droguiste, lequel droguiste s'était retiré gras d'une fortune. Ces droguistes ont des idées bien saugrenues : pour donner à sa fille une bonne éducation, il l'avait mise dans un pensionnat, il comptait la bien marier, par la raison deux cent mille francs, en bel et bon argent qui ne sentait pas la drogue. Monsieur et madame Matifat étaient venus habiter la rue du Cherche-Midi, le quartier le plus opposé à la rue des Lombards, où ils avaient fait fortune. Moi, je les ai connus les Matifat! Durant mon temps de galère ministérielle, où j'étais serré pendant huit heures de jour entre des niais à vingt-deux carats, j'ai vu des originaux qui m'ont convaincu que l'ombre a des aspérités, et que dans la plus grande platitude il y a des angles! Oui, mon cher, tel bourgeois est à tel autre ce que Raphaël est à Natoire. Madame veuve Desroches avait moyenné de longue main ce mariage à son fils, malgré l'obstacle énorme que présentait un certain Cochin, fils de l'associé commanditaire des Matifat, jeune employé au ministère des finances. Aux yeux de monsieur et madame Matifat, l'état d'avoué paraissait offrir des garanties pour le bonheur d'une femme. Desroches s'était prêté aux plans de sa mère afin d'avoir un pis-aller, il ménageait les droguistes de la rue du Cherche-Midi. Pour vous faire comprendre un autre genre de bonheur, il faudrait vous peindre ces deux négocians mâle et femelle, jouissant d'un jardinet, logés à un beau rez-de-chaussée, s'amusant à regarder un jet d'eau, mince et long comme un épi, qui allait perpétuellement et s'élançait d'une petite table ronde en pierre de liais, située au milieu d'un bassin de six pieds de diamètre, se levant de bon matin pour voir si les fleurs de leur jardin avaient poussé, désœuvrés et inquiets, s'habillant pour s'habiller, s'ennuyant au spectacle, et toujours entre Paris et Luzarches où ils avaient une maison de campagne et où j'ai dîné. Blondet, un jour ils ont voulu me faire poser, je leur ai raconté une histoire depuis neuf heures du soir jusqu'à minuit, une aventure à tiroirs! J'en étais à l'introduction de mon vingt-neuvième personnage, quand le père Matifat, qui en qualité de maître de maison, tenait encore bon, a ronflé comme les autres, après avoir clignoté pendant cinq minutes. Le lendemain, tous m'ont fait des complimens. Ces épiciers avaient pour société monsieur et madame Cochin, Adolphe Cochin, madame Desroches, un petit Popinot, droguiste en exercice, qui leur donnait des nouvelles de la rue des Lombards. Madame Matifat aimait les arts, elle achetait des lithographies, des lithocromies, des dessins coloriés, tout ce qu'il y avait de meilleur marché. M. Matifat se distrayait en examinant les entreprises nouvelles et en essayant de jouer quelques capitaux, afin de ressentir des émotions. Un seul mot vous fera comprendre la profondeur de mon Matifat. Le bonhomme souhaitait ainsi le bonsoir à ses nièces : « Va te coucher, mes nièces! » Il avait peur de les affliger en leur disant *vous*. Leur fille était une jeune personne sans manières, ayant l'air d'une femme de chambre de bonne maison, jouant tant bien que mal une sonate, ayant une jolie écriture anglaise, sachant le français et l'orthographe, enfin une complète éducation bourgeoise. Elle était assez impatiente d'être mariée, afin de quitter la maison paternelle, où elle s'ennuyait comme un officier au quart de nuit, excepté que le quart durait toute la journée. Desroches ou Cochin fils, un notaire ou un garde-du-corps, un faux lord anglais, tout mari lui était bon. Comme évidemment elle ne savait rien de la vie, j'en ai eu pitié, j'ai voulu lui en révéler le grand mystère. Bah! les Matifat m'ont fermé leur porte: les bourgeois et moi nous ne nous comprendrons jamais. En quarante-huit heures, Godefroid de Beaudenord, l'ex-diplomate, devina les Matifat et leur intrigante corruption. Par hasard, Rastignac se trouvait chez la légère baronne à causer au coin du feu pendant que Godefroid faisait son rapport à Malvina. Quelques mots frappèrent son oreille, il devina de quoi il s'agissait, surtout à l'air aigrement satisfait de Malvina. Rastignac resta, lui, jusqu'à deux heures du matin, et l'on dit qu'il est égoïste ! Beaudenord partit quand la baronne alla se coucher. « Chère enfant, dit-il à Malvina d'un ton bonhomme et paternel quand ils furent seuls, souvenez-vous qu'un pauvre garçon lourd de sommeil a pris du thé pour rester éveillé jusqu'à deux heures du matin, afin de pouvoir vous dire solennellement : Mariez-vous. Ne faites pas la difficile, ne vous occupez pas de vos sentimens, ne pensez pas à l'ignoble calcul des hommes qui ont un pied ici, un pied chez les Matifat, ne réfléchissez à rien. Mariez-vous ! Pour une fille, se marier, c'est s'imposer à un homme qui prend l'engagement de la faire vivre dans une position plus ou moins heureuse, mais où la question matérielle est assurée. Je connais le monde : jeunes filles, mamans et grand'mères sont toutes hypocrites en démanchant sur le sentiment quand il s'agit de mariage. Aucun ne pense à autre chose qu'à un bel état. Quand sa fille est bien mariée, une mère dit qu'elle a fait une excellente affaire. Et il lui développa sa théorie sur le mariage, qui, selon lui, est une société de commerce instituée pour supporter la vie. Je ne vous demande pas votre secret, ajouta-t-il, je le sais, les hommes disent tout entre eux, comme vous autres quand vous sortez après le dîner. Eh bien, voici mon dernier mot : mariez-vous. Si vous ne vous mariez pas, souvenez-vous que je vous ai suppliée ici, ce soir, de vous marier ! » Rastignac parlait avec un certain accent qui commandait, non pas l'attention, mais la réflexion. Son insistance était de nature à surprendre, et Malvina fut si bien frappée au vif de l'intelligence où Rastignac avait voulu atteindre, qu'elle y songeait encore le lendemain, et cherchait inutilement la cause de cet avis.

— Je ne vois, dans toutes ces toupies que tu lances, rien qui ressemble à l'origine de la fortune de Rastignac, et tu nous prends pour des Matifat multipliés par six bouteilles de vin de Champagne, s'écria Finot.

— Nous y sommes, s'écria Bixiou. Vous avez suivi le cours de tous les petits ruisseaux qui ont fait les vingt mille livres de rente auxquelles nous portons envie ! Rastignac tenait alors entre ses mains le fil de toutes ces existences.

— Desroches, les Matifat, Beaudenord, les d'Aldrigger, d'Aiglemont !

— Et de cent autres.

— Voyons comment ! s'écria Couture.

— Blondet vous a dit en gros les deux premières liquidations de Nucingen, voici la troisième en détail. Dès la paix de 1815, Nucingen avait compris ce que nous ne comprenons qu'aujourd'hui : que l'argent n'est une puissance que quand il est en quantités disproportionnées. Il jalousait secrètement les frères Rostchild. Il possédait cinq millions, il en voulait dix ! Avec dix millions, il savait pouvoir en gagner trente, et n'en aurait eu que quinze avec cinq. Il avait donc résolu d'opérer une troisième liquidation, il songeait à payer ses créanciers avec des valeurs fictives, en gardant leur argent. Sur la place, une conception de ce genre ne se présente pas sous une expression aussi mathématique. Une pareille liquidation consiste à donner un petit pâté pour un louis d'or à de grands enfans qui, comme les petits enfans d'autrefois, préfèrent le pâté à la pièce, sans savoir qu'avec la pièce ils peuvent avoir deux cents pâtés.

—Qu'est-ce que tu dis donc là, Bixiou ? s'écria Couture, mais rien n'est plus loyal, il ne se passe pas de semaine aujourd'hui que l'on ne présente des pâtés au public en lui demandant un louis, est-il forcé de donner son argent? n'a-t-il pas le droit de s'éclairer.

— Vous l'aimeriez mieux contraint d'être actionnaire, dit Blondet.

— Non, dit Finot, où serait le talent?

— C'est bien fort pour Finot, dit Bixiou.

— Qui lui a donné ce mot-là, demanda Couture.

— Enfin, reprit Bixiou, Nucingen avait eu deux fois le bonheur de donner, sans le vouloir, un pâté qui s'était trouvé valoir mille francs, il avait réfléchi à ce malheureux bonheur, de pareils bonheurs finissent par tuer un homme, et il attendait depuis dix ans l'occasion de ne pas se tromper, de créer des valeurs qui auraient l'air de valoir quelque chose et qui......

— Mais, dit Couture, en expliquant ainsi la Banque, aucun commerce n'est possible. Plus d'un loyal banquier a persuadé, sous l'approbation d'un loyal gouvernement, aux plus fins boursiers de prendre des fonds qui devaient, dans un temps donné, se trouver dépréciés. Vous avez vu mieux que cela? émettre des valeurs pour payer les intérêts de certains fonds, afin d'en maintenir le cours et s'en défaire. Ces opérations ont plus ou moins d'analogie avec la liquidation à la Nucingen.

—En petit, dit Blondet, l'affaire peut paraître singulière; mais en grand, haute finance. Il y a des actes arbitraires qui sont criminels d'individu à individu, lesquels arrivent à rien quand ils sont étendus à une multitude quelconque, comme une goutte d'acide prussique devient innocente dans un baquet d'eau. Vous tuez un homme, on vous guillotine. Mais, avec une conviction gouvernementale quelconque, vous tuez cinq cents hommes, on respecte le crime politique. Vous prenez cinq mille francs dans mon secrétaire, vous allez au bagne. Mais avec le piment d'un gain à faire, habilement mis dans la gueule de mille boursiers, vous les forcez à prendre les rentes de je ne sais quelle république ou monarchie en faillite, émises, comme dit Couture, pour payer les intérêts de ces mêmes rentes, personne ne peut se plaindre. Voilà les vrais principes de l'âge d'or où nous vivons !

— La mise en scène d'une machine aussi immense, reprit Bixiou, exigeait bien des polichinelles. D'abord la maison Nucingen avait sciemment et à dessein employé ses cinq millions dans une affaire en Amérique, dont les profits devaient revenir toujours trop tard. Elle s'était dégarnie avec préméditation, car toute liquidation doit être motivée. Elle avait en fonds particuliers et en valeurs émises environ six millions, et parmi les fonds particuliers étaient les trois cent mille de la baronne d'Aldrigger, les quatre cent mille de Beaudenord, un million à d'Aiglemont, trois cent mille à Matifat, un demi-million à Charles Grandet, le mari de mademoiselle d'Aubrion, etc. En créant lui-même une entreprise industrielle par actions, avec lesquelles il se proposait de désintéresser ses créanciers au moyen de manœuvres plus ou moins habiles, Nucingen aurait pu être suspecté, mais il s'y prit avec plus de finesse : il fit créer par un autre cette machine destinée à jouer le rôle du Mississipi dans le système de Law, car le propre de Nucingen est de faire servir les plus habiles gens de la place à ses projets, sans les leur communiquer. Nucingen laissa donc échapper devant du Tillet l'idée pyramidale et victorieuse de combiner une entreprise par actions en constituant un capital assez fort pour pouvoir servir de très-gros intérêts aux actionnaires pendant les premiers temps. Essayée pour la première fois, en un moment où des capitaux niais abondaient, cette combinaison devait produire une hausse sur les actions, et par conséquent un bénéfice pour le banquier qui les émettrait. Songez que ceci est du 1826. Quoique frappé de cette idée, aussi féconde qu'ingénieuse, du Tillet pensa naturellement que si l'entreprise ne réussissait pas, il y aurait un blâme quelconque ; il suggéra de mettre en avant un directeur visible de cette machine commerciale. Vous connaissez aujourd'hui le secret de la maison Claparon fondée par du Tillet, une de ses plus belles inventions !...

— Oui, dit Blondet, l'éditeur responsable en finance, l'agent provocateur, le bouc émissaire ; mais aujourd'hui nous sommes plus forts, nous mettons : S'adresser à *l'administration de la chose*, telle rue, tel numéro, et le public trouve des employés en casquettes vertes, jolis comme des recors.

— Nucingen avait appuyé la maison Charles Claparon de tout son crédit, on pouvait jeter sans crainte sur quelques places un million de papier Claparon. Du Tillet proposa de mettre sa maison Claparon en avant. Adopté. En 1825, l'actionnaire n'était pas gâté dans les conceptions industrielles, le *fonds de roulement* était inconnu, les gérans ne s'obligeaient pas à ne point émettre leurs actions bénéficiaires, ils ne déposaient rien à la banque, ils ne garantissaient rien ; on ne daignait pas expliquer la commandite en disant à l'actionnaire qu'on avait la bonté de ne pas lui demander plus de mille, de cinq cents, ou même de deux cent cinquante francs, et que l'expérience *in œre publico* ne durerait que sept ans, cinq ans, ou même trois ans, et qu'ainsi le dénoûment ne se fera pas long-temps attendre. C'était l'enfance de l'art ! On n'avait même pas fait intervenir la publicité de ces gigantesques annonces par lesquelles on stimule les imaginations, en demandant de l'argent à tout le monde....

— Cela arrive quand personne n'en veut donner, dit Couture.

— Enfin la concurrence dans ces sortes d'entreprises n'existait pas, reprit Bixiou. Les fabricans de papier mâché, d'impressions sur indiennes, les lamineurs de zinc, les théâtres, les journaux ne se ruaient pas comme des chiens à la curée de l'actionnaire expirant. Nos belles affaires par actions, si naïvement publiées, se traitaient honteusement dans le silence et dans l'ombre de la Bourse. Les loups-cerviers exécutaient, financièrement parlant, l'air de la calomnie du Barbier de Séville; ils allaient *piano*, *piano*, et n'exploitaient le patient, l'actionnaire, qu'à domicile, à la Bourse, ou dans le monde, par une rumeur plus ou moins habilement créée.

— Mais, quoique nous soyons entre nous et que nous puissions tout dire, je reviens là-dessus, dit Couture.

— Vous êtes orfèvre, M. Josse?

— Oui, je suis orfèvre, reprit Couture. Je soutiens que la nouvelle méthode est infiniment moins traîtresse, plus loyale, moins assassine. La publicité permet la réflexion et l'examen. Si quelque actionnaire est gobé, il est venu de propos délibéré, on ne lui a pas vendu *chat en poche*. L'industrie....

— Allons, voilà l'industrie ! s'écria Bixiou.

— L'industrie y gagne, dit Couture sans prendre garde à l'interruption. Tout gouvernement qui se mêle du commerce et ne le laisse pas libre, entreprend une coûteuse sottise : il arrive ou au *maximum* ou au monopole. Selon moi, rien n'est plus conforme aux principes sur la liberté du commerce que les sociétés par actions ! Y toucher, c'est vouloir répondre du capital et des bénéfices, ce qui est stupide, car les bénéfices sont en proportion avec les risques ! Qu'importe à l'État la manière dont s'obtient le mouvement rotatoire de l'argent, pourvu qu'il soit dans une activité perpétuelle ! Qu'importe qui est riche, qui est pauvre, s'il y a toujours la même quantité de riches imposables ! D'ailleurs, voilà vingt ans que les sociétés par actions, les commandites, primes sous toutes les formes, sont en usage dans le pays le plus commercial du monde, en

Angleterre, où tout se conteste, où les chambres pondent mille ou douze cents lois par session, et où jamais un membre du parlement ne s'est levé pour parler contre la méthode...

— Curative des coffres pleins, et par les végétaux ! dit Bixiou, *les carottes !*

— Voyons ? dit Couture enflammé. Vous avez dix mille francs, vous prenez dix actions de chacune *mille* dans dix entreprises différentes. Vous êtes volé neuf fois... (Cela n'est pas, le public est plus fort que qui que ce soit ! mais je le suppose.) une seule affaire réussit ! (par hasard, d'accord ! on ne l'a pas fait exprès, allez ! blaguez !) Eh bien ! le *ponte* assez sage pour diviser ainsi ses masses, rencontre un superbe placement, comme l'ont trouvé ceux qui ont pris les actions des mines de Wortschin. Messieurs, avouons entre nous que les gens qui crient sont des hypocrites au désespoir de n'avoir ni l'idée d'une affaire, ni la puissance de la proclamer, ni l'adresse de l'exploiter. La preuve ne se fera pas attendre. Avant peu, vous verrez l'aristocratie, les gens de cour, les ministériels descendre en colonnes serrées dans la Spéculation, et avancer des mains plus crochues que les nôtres et avoir des idées plus tortueuses, sans avoir notre supériorité. Quelle tête il faut pour fonder une affaire à une époque où l'avidité de l'actionnaire est égale à celle de l'inventeur! Quel grand magnétiseur doit être l'homme qui crée un Claparon, qui trouve des expédiens nouveaux!

— Est-il beau, Couture, est-il beau ! dit Bixiou à Blondet, il va demander qu'on lui élève des statues comme à un bienfaiteur de l'humanité.

— Il faudrait l'amener à conclure que l'argent des sots est de droit divin le patrimoine des gens d'esprit, dit Blondet.

— Messieurs, reprit Couture, rions ici pour tout le sérieux que nous garderons ailleurs quand nous entendrons parler des respectables bêtises que consacrent les lois faites à l'improviste.

— Il a raison. Quel temps, Messieurs, dit Blondet, qu'un temps où dès que le feu de l'intelligence apparaît, on l'éteint vite par l'application d'une loi de circonstance, et alors les législateurs communaux renferment le feu dans la machine, et quand la machine saute, arrivent les pleurs et les grincemens de dents! Un temps où il ne se fait que des lois fiscales et pénales ! Le grand mot de ce qui se passe, le voulez-vous ? *Il n'y a plus de religion dans l'état !*

— Ah, dit Bixiou, bravo Blondet, tu as mis le doigt sur la plaie de la France, la fiscalité qui a plus ôté de conquêtes à notre pays que les vexations de la guerre. Dans le ministère où j'ai fait huit ans de galères, accouplé avec des bourgeois, il y avait un employé, homme de talent, qui avait résolu de changer tout le système des finances. Ah, bien! nous l'avons joliment dégommé. La France eût été trop heureuse, elle se serait amusée à reconquérir l'Europe, nous avons agi pour le repos des nations. Je l'ai tué par une caricature!

— Quand je dis le mot *religion*, je n'entends pas dire une capucinade, j'entends le mot en grand politique, reprit Blondet.

— Explique-toi, dit Finot.

— Voici, reprit Blondet. On a beaucoup parlé des affaires de Lyon, de la république canonnée dans les rues, personne n'a dit la vérité. La république s'était emparée de l'émeute comme un insurgé s'empare d'un fusil. La vérité, je vous la donne pour drôle et profonde. Le commerce de Lyon est un commerce sans ame, qui ne fait pas fabriquer une aune de soie sans qu'elle soit commandée et que le paiement soit sûr. Quand la commande s'arrête, l'ouvrier meurt de faim, il gagne à peine de quoi vivre en travaillant, les forçats sont plus heureux que lui. Après la révolution de juillet, la misère est arrivée à ce point que les Canuts ont arboré le drapeau :

*Du pain ou la mort!* une de ces proclamations que le gouvernement aurait dû étudier, elle était produite par la cherté de la vie à Lyon. Lyon veut bâtir des théâtres et devenir une capitale, de là des octrois insensés. Les républicains ont flairé cette révolte à propos de pain, et ils ont organisé les *Canuts* qui se sont battus en partie double. Lyon a eu ses trois jours, mais tout est rentré dans l'ordre, et le Canut dans son taudis. Le Canut, probe jusque-là, rendant en étoffe la soie qu'on lui pesait en bottes, a mis la probité à la porte en songeant que les négocians le victimaient, et a mis de l'huile à ses doigts : il a rendu poids pour poids, mais il a vendu la soie représentée par l'huile, et le commerce des soieries françaises a été infesté d'*étoffes graissées*, ce qui aurait pu entraîner la perte de Lyon, et celle d'une branche de commerce français. Les fabricans et le gouvernement, au lieu de supprimer la cause du mal, ont fait, comme certains médecins, rentrer le mal par un violent topique ; il fallait envoyer un homme habile, un de ces gens qu'on appelle immoraux, un abbé Terray, mais l'on a vu le côté militaire! Les troubles ont donc produit les gros de Naples à quarante sous l'aune. Ces gros de Naples sont aujourd'hui vendus, on peut le dire, et les fabricans ont sans doute inventé je ne sais quel moyen de contrôle. Ce système de fabrication sans prévoyance devait arriver dans un pays où RICHARD LENOIR, un des plus grands citoyens que la France ait eus, est ruiné pour avoir fait travailler six mille ouvriers sans commande, les avoir nourris, et avoir rencontré des ministres assez stupides pour le laisser succomber à la révolution que 1814 a faite dans le prix des tissus. Voilà le seul cas où le négociant mérite une statue. Eh bien, cet homme est aujourd'hui l'objet d'une souscription sans souscripteurs, tandis que l'on a donné un million aux enfans du général Foy. Lyon est conséquent, il connait la France, elle est sans aucun sentiment religieux. L'histoire de Richard Lenoir est une de ces fautes que Fouché trouvait pires qu'un crime.

— Si dans la manière dont les affaires se présentent, reprit Couture en se remettant au point où il était avant l'interruption, il y a une teinte de charlatanisme, mot devenu flétrissant et mis à cheval sur le mur mitoyen du juste et de l'injuste, car je demande où commence, où finit le charlatanisme, ce qu'est le charlatanisme? Faites-moi l'amitié de me dire qui n'est pas charlatan? Voyons? un peu de bonne foi, l'ingrédient social le plus rare! Le commerce qui consisterait à aller chercher la nuit ce qu'on vendrait dans la journée serait un non-sens. Un marchand d'allumettes a l'instinct de l'accaparement. Accaparer la marchandise est la pensée du boutiquier de la rue Saint-Denis *dit* le plus vertueux, comme du spéculateur *dit* le plus effronté. Quand les magasins sont pleins, il y a nécessité de vendre. Pour vendre, il faut allumer le chaland, de là l'enseigne du moyen âge et aujourd'hui le prospectus! Entre appeler la pratique et la forcer d'entrer, de consommer, je ne vois pas la différence d'un cheveu! Il peut arriver, il doit arriver, il arrive souvent que des marchands attrapent des marchandises avariées, car le vendeur trompe incessamment l'acheteur. Eh bien, consultez les plus honnêtes gens de Paris, les notables commerçans enfin, tous vous raconteront triomphalement la rouerie qu'ils ont alors inventée pour écouler leur marchandise, quand on la leur avait vendue mauvaise. La rue Saint-Denis ne vous vend qu'une robe de soie graissée, elle ne peut que cela! Blondet vous a fait voir les affaires de Lyon dans leurs causes et leurs suites ; moi, je vais à l'application de ma théorie par une anecdote. Un ouvrier en laine, ambitieux et criblé d'enfans par une femme trop aimée, croit à la république. Mon gars achète de la laine rouge, et fabrique ces casquettes en laine tricotée que vous avez pu voir sur la tête de plusieurs gamins de Paris, et vous allez savoir pourquoi. La république est vaincue. Après l'affaire de Saint-Méry, les casquettes étaient invendables. Quand un ouvrier se trouve dans son ménage avec femme, enfans et dix mille casquettes en laine rouge dont les chapeliers ne veulent plus, il lui passe par la tête autant d'idées qu'il en peut venir à un banquier bourré de dix millions d'actions à placer dans une affaire dont il se défie. Savez-vous ce qu'a fait l'ouvrier, ce Law faubourien, ce Nucingen des casquettes? Il a été trouver un dandy d'estaminet, un de ces farceurs qui font le désespoir des sergens-de-ville dans les bals champêtres aux barrières; il l'a prié de jouer le rôle d'un capitaine américain pacotilleur, logé hôtel Meurice, et d'aller *désirer* dix mille casquettes en laine rouge, chez un riche chapelier qui en avait encore *une* dans sa montre. Le chapelier flaire une affaire avec l'Amérique, accourt chez l'ouvrier, et se rue au comptant sur les casquettes. Plus de capitaine américain, mais beaucoup de casquettes. Attaquer la liberté commerciale à cause de ces inconvéniens, ce serait attaquer la justice sous prétexte qu'il y a des délits qu'elle ne punit pas, ou accuser la société d'être mal organisée à cause des malheurs qu'elle engendre! Des casquettes et de la rue Saint-Denis, aux actions et à la banque, concluez!

— Couture, une couronne! dit Blondet en lui mettant sa serviette tortillée sur sa tête. Je vais plus loin, Messieurs. S'il y a vice dans la théorie actuelle, à qui la faute! à la loi! à la loi prise dans son système entier, à la législation! à ces grands hommes d'arrondissement que la province envoie bouffis d'idées morales, idées indispensables dans la conduite de la vie à moins de se battre avec la justice, mais stupides dès qu'elles empêchent un homme de s'élever à la hauteur où doit se tenir le législateur. Que les lois interdisent aux passions tel ou tel développement (le jeu, la loterie, les Ninons de la borne, tout ce que vous voudrez), elles n'extirperont jamais les passions. Tuer les passions, ce serait tuer la société; qui, si elle ne les engendre pas, du moins les développe. Ainsi vous entravez par des restrictions l'envie de jouer qui gît au fond de tous les cœurs, chez la jeune fille, chez l'homme de province, comme chez le diplomate, car tout le monde souhaite une fortune *gratis*, le jeu s'exerce aussitôt en d'autres sphères. Vous supprimez stupidement la loterie, les cuisinières n'en volent pas moins leurs maîtres, elles portent leurs vols à une caisse d'épargne, et la mise est pour elles de deux cent cinquante francs au lieu d'être de quarante sous, car les actions industrielles, les commandites, deviennent la loterie, le jeu sans tapis, mais avec un râteau invisible et un refait calculé. Les jeux sont fermés! la loterie n'existe plus, voilà la France bien plus morale, crient les imbéciles, comme s'ils avaient supprimé les *pontes !* On joue toujours, seulement le bénéfice n'est plus à l'État qui remplace un impôt payé avec plaisir par un impôt gênant sans diminuer les suicides, car le joueur ne meurt pas, mais bien sa victime ! Je ne vous parle pas des capitaux à l'étranger, perdus pour la France, ni des loteries de Francfort, contre le colportage desquelles la convention avait décerné la peine de mort, et auquel se livraient les procureurs-syndics ! Voilà le sens de la niaise philantropie du législateur. L'encouragement donné aux caisses d'épargne est une grosse sottise politique. Supposez une inquiétude quelconque sur la marche des affaires, le gouvernement aura créé la *queue de l'argent,* comme on a créé dans la révolution la *queue du pain.* Autant de caisses, autant d'émeutes, et si dans un coin trois gamins arborent un seul drapeau, voilà une révolution. Un grand politique doit être un scélérat abstrait, sans quoi les sociétés sont mal menées. Un politique honnête homme est une machine à vapeur qui sentirait, ou un pilote qui ferait l'amour en tenant la barre, le bateau sombre. Un premier ministre qui prend cent millions et rend la France grande et heureuse, n'est-il pas préférable à un ministre enterré aux frais de l'état, mais qui a ruiné son pays? Entre Richelieu, Mazarin, Potemkim, riches tous de trois cents millions, et le vertueux Robert-Lindet, qui n'a su tirer parti ni des assignats, ni des biens nationaux; ou les vertueux imbéciles qui ont perdu Louis XVI, hésiteriez-vous? Va ton train, Bixiou.

— Je ne vous expliquerai pas, reprit Bixiou, la nature de l'entreprise inventée par le génie financier de Nucingen, ce serait d'autant plus inconvenant qu'elle existe encore aujourd'hui, ses actions sont cotées à la Bourse, les combinaisons étaient si réelles, l'objet de l'entreprise si vivace, que, créées au capital nominal de mille francs, établies par une ordonnance royale, descendues à trois cents francs, elles ont remonté à sept cents francs, et arriveront au pair après avoir traversé les orages des années 27, 30 et 32. La crise financière de 1827 les fit fléchir, la révolution de juillet les abattit, mais l'affaire a des réalités dans le ventre (car Nucingen ne saurait inventer une mauvaise affaire). Enfin, comme plusieurs maisons de banque du premier ordre y ont participé, il ne serait pas parlementaire d'entrer dans plus de détails. Le capital nominal fut de vingt millions, capital réel dix-huit, deux millions appartenaient aux fondateurs et aux banquiers chargés de l'émission des actions. Tout fut calculé pour faire arriver dans les six premiers mois l'action à gagner deux cents francs, par la distribution d'un faux dividende. Donc vingt pour cent sur vingt millions. En tout quatre millions. L'intérêt de du Tillet fut de cinq cent mille francs. Dans le vocabulaire financier, ce gâteau s'appelle *part à goinfre!* Nucingen se proposait d'opérer avec ses trois millions cinq cent mille francs, trois millions faits avec une main de papier rose et une pierre lithographique, de jolies petites actions à placer, précieusement conservées dans son cabinet. Les actions réelles allaient servir à fonder l'affaire, acheter un magnifique hôtel et commencer les opérations. Nucingen avait encore des actions dans je ne sais quelles mines de plomb argentifère, dans des mines de houille et dans deux canaux, actions bénéficiaires accordées pour la mise en scène de ces quatre entreprises en pleine activité, supérieurement montées et en faveur, au moyen du dividende pris sur le capital. Nucingen pouvait compter sur un *agio* si les actions montaient, mais le baron le négligea dans ses calculs, il le laissait à fleur d'eau, sur la place, afin d'attirer les poissons! Il avait donc massé ses valeurs, comme Napoléon ses troupiers, afin de liquider durant la crise qui se dessinait et qui révolutionna, en 26 et 27, les places européennes. S'il avait eu son prince de Wagram, il aurait pu dire comme Napoléon du haut du Santon : Examinez bien la place, tel jour, à telle heure, il y aura là des fonds répandus ! Mais à qui pouvait-il se confier ? Du Tillet ne soupçonnait pas son compérage involontaire. Les deux premières liquidations avaient démontré à notre puissant baron la nécessité de s'attacher un homme qui pût lui servir de piston pour agir sur le créancier. Nucingen n'avait point de neveu, n'osait prendre de confident, il lui fallait un homme dévoué, un Claparon intelligent, doué de bonnes manières, un véritable diplomate, un homme digne d'être ministre et digne de lui. Pareilles liaisons ne se forment ni en un jour, ni en un an. Rastignac avait alors été si bien entortillé par le baron que, comme le prince de la Paix qui était autant aimé par le roi que par la reine d'Espagne, il croyait avoir conquis dans Nucingen une précieuse dupe. Après avoir ri d'un homme dont la portée lui fut long-temps inconnue, il avait fini par lui vouer un culte grave et sérieux en reconnaissant en lui la force qu'il croyait posséder seul. Dès son début à Paris, Rastignac fut conduit à mépriser la société tout entière. Dès 1820, il pensait, comme le baron, qu'il n'y avait que des apparences d'honnête homme, il regardait le monde comme la réunion de toutes les corruptions, de toutes les friponneries. S'il admettait des exceptions, il condamnait la masse : il ne croyait à aucune vertu, mais à des circonstances où l'homme est vertueux. Cette science fut l'affaire d'un moment, elle fut acquise au sommet du Père-Lachaise, le jour où il y conduisit un pauvre honnête homme, le père de sa Delphine, mort dupe de la société, des sentimens les plus vrais, et abandonné par ses filles et ses gendres. Il résolut de jouer tout ce monde, et de s'y tenir en grand costume de vertu, de probité, de belles manières. L'égoïsme l'arma de pied en cap. Quand il trouva

Nucingen revêtu de la même armure, il l'estima comme au moyen-âge, dans un tournoi, un chevalier damasquiné de la tête aux pieds, monté sur un barbe, eût estimé son adversaire bouzé, monté comme lui. Mais il s'amollit pendant quelque temps dans les délices de Capoue. L'amitié d'une femme, comme Delphine de Nucingen, est de nature à faire abjurer tout égoïsme. Après avoir été trompée une première fois dans ses affections, en rencontrant une mécanique de Birmingham comme était feu de Marsay, elle dut éprouver, pour un homme jeune et plein des religions de la province, un attachement sans bornes. Sa tendresse a réagi sur Rastignac. Quand Nucingen eut passé à l'ami de sa femme le harnais que l'exploitant met à l'exploité, ce qui arriva précisément au moment où il méditait sa troisième liquidation, il lui confia sa position, en lui montrant comme une obligation de son intimité, comme une réparation, le rôle de compère à prendre et à jouer. Le baron jugea dangereux de l'initier à son plan, Rastignac crut au malheur, et le baron lui laissa croire qu'il sauvait la boutique. Mais quand un écheveau a tant de fils, il s'y fait des nœuds. Rastignac trembla pour la fortune de Delphine : il stipula l'indépendance de la baronne, en exigeant une séparation de biens, en se jurant à lui-même de solder son compte avec elle en lui triplant sa fortune. Comme il ne parlait pas de lui-même, Nucingen le supplia d'accepter, en cas de réussite complète, vingt-cinq actions de mille francs chacune dans les mines de plomb argentifère, que Rastignac prit pour ne pas l'offenser ! Nucingen avait seriné Rastignac la veille de la soirée où il avait dit à Malvina de se marier. A l'aspect des cent familles heureuses qui allaient et venaient dans Paris, tranquilles sur leur fortune, les Godefroid de Beaudenord, les d'Aldrigger, les d'Aiglemont, etc., il lui prit un frisson comme à un jeune général qui pour la première fois contemple une armée avant la bataille. La pauvre petite Isaure et Godefroid, jouant à l'amour, lui représentaient Acis et Galatée sous le rocher que le gros Polyphème va faire tomber sur eux.

— Ce singe de Bixiou, dit Blondet, il a presque du talent.

— Ah, je ne marivaude donc plus, dit Bixiou. Depuis deux mois, Godefroid se livrait à tous les petits bonheurs d'un homme qui se marie. On ressemble alors à ces oiseaux qui font leurs nids au printemps, vont et viennent, ramassent des brins de paille, les portent dans leur bec, et cotonnent le domicile de leurs œufs. Il avait loué rue de la Planche un petit hôtel de mille écus, commode, convenable, ni trop grand, ni trop petit ; il allait tous les matins voir travailler les ouvriers, surveiller les peintures. Il y avait introduit le *comfort*, la seule bonne chose qu'il y ait en Angleterre : calorifère pour maintenir une température égale dans la maison ; mobilier bien choisi, ni trop brillant, ni trop élégant ; couleurs fraîches et douces à l'œil, stores intérieurs et extérieurs à toutes les croisées ; argenterie, voitures neuves ; il avait fait arranger l'écurie, la sellerie, les remises où Toby, Joby, Paddy se démenait et frétillait comme une marmotte déchaînée, en paraissant très-heureux de savoir qu'il y aurait des femmes au logis et une *lady !* Cette passion de l'homme qui se met en ménage, qui choisit des pendules, vient chez sa future les poches pleines d'échantillons d'étoffes, la consulte sur l'ameublement de la chambre à coucher, qui va, vient, trotte, quand il va, vient et trotte animé par l'amour, est une des choses qui réjouissent le plus un cœur honnête et surtout les fournisseurs. Et comme rien ne plaît davantage au monde que le mariage d'un joli jeune homme de vingt-sept ans avec une charmante personne de vingt ans qui danse bien, Godefroid, embarrassé pour la corbeille, invita Rastignac et madame de Nucingen à déjeûner, pour les consulter sur cette affaire majeure ; il eut l'excellente idée de prier son cousin d'Aiglemont et sa femme, et madame de Serisy. Les femmes du monde aiment assez à se dissiper une fois par hasard chez les garçons, à y déjeûner.

— C'est leur école buissonnière, dit Blondet.

— On devait aller voir rue de la Planche le petit hôtel des futurs époux, reprit Bixiou, les femmes sont pour ces petites expéditions comme les ogres pour la chair fraîche, elles rafraîchissent leur présent de cette jeune joie qui n'est pas encore flétrie par la jouissance. Le couvert fut mis dans un petit salon qui, pour l'enterrement de la vie de garçon, fut paré comme un cheval de cortége. Le déjeûner fut commandé de manière à offrir ces jolis petits plats que les femmes aiment à manger, croquer, sucer le matin, temps où elles ont un effroyable appétit, sans vouloir l'avouer, car il semble qu'elles se compromettent en disant : J'ai faim! — Et pourquoi tout seul, dit Godefroid en voyant arriver Rastignac. — Madame de Nucingen est triste, je te conterai tout cela, répondit Rastignac qui avait une tenue d'homme contrarié. — De la brouille, s'écria Godefroid. — Non, dit Rastignac. A quatre heures, les femmes envolées au bois de Boulogne, Rastignac resta dans le salon, et il regarda mélancoliquement par la fenêtre Toby, Joby, Paddy, qui se tenait audacieusement devant le cheval attelé au tilbury, les bras croisés comme Napoléon, il ne pouvait pas le tenir en bride autrement que par sa voix clairette, et le cheval craignait Joby, Toby. — Hé bien, qu'as-tu, mon cher ami, dit Godefroid à Rastignac, tu es sombre, inquiet, ta gaieté n'est pas franche. Le bonheur incomplet te tiraille l'âme! Il est en effet bien triste de ne pas être marié à la mairie et à l'église avec la femme que l'on aime.

— As-tu du courage, mon cher, pour entendre ce que j'ai à te dire, et sauras-tu reconnaître à quel point il faut s'attacher à quelqu'un pour commettre l'indiscrétion dont je vais me rendre coupable? lui dit Rastignac de ce ton qui ressemble à un coup de fouet. — Quoi, dit Godefroid en pâlissant. — J'étais triste de ta joie, et je n'ai pas le cœur, en voyant tous ces apprêts, ce bonheur en fleur, de garder un secret pareil. — Dis donc en trois mots. — Jure-moi sur l'honneur que tu seras en ceci muet comme une tombe. — Comme une tombe. — Que si l'un de tes proches était intéressé dans ce secret, il ne le saurait pas. — Pas. — Hé bien, Nucingen est parti cette nuit pour Bruxelles, il faut déposer si l'on ne peut pas liquider. Sa femme vient de demander ce matin même au Palais sa séparation de biens. Tu peux encore sauver ta fortune. — Comment? dit Godefroid en se sentant un sang de glace dans les veines. — Écris tout simplement au baron de Nucingen une lettre antidatée de quinze jours, par laquelle tu lui donnes l'ordre de t'employer tous tes fonds en actions (et il lui nomma la société Claparon). Tu as quinze jours, un mois, trois mois peut-être pour les vendre au-dessus du prix actuel, elles gagneront encore. — Mais d'Aiglemont qui déjeûnait avec nous, d'Aiglemont qui a chez Nucingen un million.—Écoute, je ne sais pas s'il y a assez de ces actions pour le couvrir, et puis, je ne suis pas son ami, je ne puis pas trahir les secrets de Nucingen, tu ne dois pas lui en parler, si tu dis un mot tu me réponds des conséquences. Godefroid resta pendant dix minutes dans la plus parfaite immobilité. — Acceptes-tu, oui ou non, lui dit impitoyablement Rastignac. Godefroid prit une plume et de l'encre, il écrivit et signa la lettre que lui dicta Rastignac. —Mon pauvre cousin! s'écria-t-il. — Chacun pour soi, dit Rastignac. Et d'un de chambré! ajouta-t-il en quittant Godefroid. Pendant que Rastignac manœuvrait dans Paris, voilà quel aspect présentait la Bourse. J'ai un ami de province, une bête qui me demandait en passant à la Bourse, entre quatre et cinq heures, pourquoi ce rassemblement de causeurs qui vont et viennent, ce qu'ils peuvent se dire, et pourquoi se promener après l'irrévocable fixation du cours des effets publics. Mon ami, lui dis-je, ils ont mangé, ils digèrent ; pendant la digestion, ils font des cancans sur le voisin, sans cela pas de sécurité commerciale à Paris. Là se lancent les affaires, et il y a tel homme, Palma, par exemple, dont l'autorité est semblable à celle d'*Arago* à l'académie royale des sciences. Il dit que la spéculation se fasse, et la spéculation est faite.

— Quel homme, messieurs, dit Blondet, que ce juif qui possède une instruction non pas universitaire, mais universelle. Chez lui, l'universalité n'exclut pas la profondeur ; ce qu'il sait, il le sait à fond ; son génie est intuitif en affaires ; c'est le grand-référendaire des loups-cerviers qui dominent la place de Paris, et qui ne font une entreprise que quand Palma l'a examinée. Il est grave, il écoute, il étudie, il réfléchit, et dit à son interlocuteur qui, vu son attention, le croit empaumé : — Cela ne me va pas. Ce que je trouve de plus extraordinaire, c'est qu'après avoir été dix ans l'associé de Werbrust, il ne s'est jamais élevé de nuages entre eux.

— Ça n'arrive qu'entre gens très-forts et très-faibles ; tout ce qui est entre les deux se dispute et ne tarde pas à se séparer ennemis, dit Couture.

— Vous comprenez, dit Bixiou, que Nucingen avait savamment et d'une main habile, lancé sous les colonnes de la Bourse un petit obus qui éclata sur les quatre heures. —Savez-vous une nouvelle grave, dit du Tillet à Werbrust en l'attirant dans un coin, Nucingen est à Bruxelles, sa femme a présenté au tribunal une demande en séparation de biens. — Êtes-vous son compère pour une liquidation? dit Werbrust en souriant. — Pas de bêtises, Werbrust, dit du Tillet, vous connaissez les gens qui ont de son papier, écoutez-moi, nous avons une affaire à combiner. Les actions de notre société gagnent vingt pour cent, elles gagneront vingt-cinq fin du mois, vous savez pourquoi, on distribue le dividende. — Finaud! dit Werbrust, allez, allez votre train, vous êtes un diable qui avez les griffes longues et pointues. — Mais laissez-moi donc dire, nous n'aurons pas le temps d'opérer, je viens de trouver mon idée en apprenant la nouvelle, et j'ai positivement vu madame de Nucingen dans les larmes, elle a peur pour sa fortune. — Pauvre petite! dit Werbrust d'un air ironique. — Hé bien? — Hé bien, il y a chez moi mille actions de mille francs que Nucingen m'a remises à placer, comprenez-vous? — Bon! — Achetons à dix pour cent de remise, du papier de la maison Nucingen pour un million, nous gagnerons quinze pour cent d'un million, car nous serons créanciers et débiteurs, la confusion s'opérera ! mais agissons finement, les détenteurs pourraient croire que nous manœuvrons dans les intérêts de Nucingen. Werbrust comprit et serra la main de du Tillet en lui jetant le regard d'une femme qui fait une niche à sa voisine. — Hé bien, vous savez la nouvelle, leur dit Martin Falleix, la maison Nucingen suspend ? — Bah ! répondit Werbrust, n'ébruitez donc pas cela, laissez les gens qui ont de son papier faire leurs affaires. — Savez-vous la cause du désastre, dit Claparon en intervenant. — Toi, tu ne sais rien, lui dit du Tillet, il n'y aura pas le moindre désastre, il y aura un paiement intégral. Nucingen recommencera les affaires et trouvera des fonds tant qu'il en voudra chez moi. Je sais la cause de la suspension : il a disposé de tous ses capitaux en faveur du Mexique, qui lui retourne des métaux, des canons espagnols si sottement fondus qu'il s'y trouve de l'or, des cloches, des argenteries d'église, toutes les démolitions de la monarchie espagnole dans les Indes. Le retour de ces valeurs tarde, il est gêné, voilà tout. — C'est vrai, dit Werbrust, je prends son papier à vingt pour cent d'escompte. La nouvelle circulait avec la rapidité du feu sur une meule de paille. Les choses les plus contradictoires se disaient; mais il y avait une telle confiance en la maison Nucingen, toujours à cause des deux précédentes liquidations, que personne n'offrait de papier Nucingen. — Il faut que Palma nous donne un coup de main, dit Werbrust. Palma était l'oracle des Keller, gorgés de valeurs Nucingen, un mot d'alarme dit par lui suffisait. Werbrust obtint de Palma qu'il donnât un coup de cloche. Le lendemain, l'alarme régnait à la Bourse: les Keller conseillés par Palma cédèrent leurs valeurs à quinze pour cent d'escompte, et ils firent autorité à la Bourse, on les savait très fins. Taillefer donna dès lors trois cent mille francs à vingt pour cent, Martin Faleix deux cent mille à dix pour cent. Gigonnet devina le coup! Il chauffa la panique afin de se procurer du papier Nucingen pour gagner quelques deux ou trois pour cent en le cédant à Werbrust. Il avise, dans un coin de la Bourse, le pauvre Matifat, qui avait trois cent mille francs chez Nucingen. Le droguiste, pâle et blême, ne vit pas sans frémir le terrible Gigonnet, l'escompteur de son ancien quartier, venir à lui pour le scier en deux.—Ça va mal, la crise se dessine, Nucingen arrange! mais ça ne vous regarde pas, père Matifat, vous êtes retiré des affaires. — Hé bien, vous vous trompez, Gigonnet, je suis pincé de trois cent mille francs avec lesquels je voulais opérer sur les rentes d'Espagne. — Ils sont sauvés, les rentes d'Espagne vous auraient tout dévoré, tandis que je vous donnerai quelque chose de votre compte chez Nucingen, comme cinquante pour cent. — J'aime mieux voir venir la liquidation, répondit Matifat, jamais un banquier n'a donné moins de cinquante pour cent ? Ah ! s'il ne s'agissait que de six pour cent, dit l'ancien droguiste. — Hé bien, voulez-vous à quinze ? dit Gigonnet. — Vous me paraissez bien pressé, dit Matifat. — Bonsoir, dit Gigonnet. — Voulez-vous à dix. — Soit, dit Gigonnet. Deux millions étaient rachetés le soir et balancés chez Nucingen par du Tillet, pour le compte de ces trois associés fortuits, qui le lendemain touchèrent leur prime. La vieille, jolie, petite baronne d'Aldrigger déjeûnait avec ses deux filles et Godefroid, lorsque Rastignac vint d'un air diplomatique engager la conversation sur la crise financière. Le baron de Nucingen avait une vive affection pour la famille d'Aldrigger, il s'était arrangé, en cas de malheur, pour couvrir le compte de la baronne par ses meilleures valeurs, des actions dans les mines de plomb argentifère ; mais pour la sûreté de la baronne, elle devait le prier d'employer ainsi les fonds. — Ce pauvre Nucingen, dit la baronne, et que lui arrive-t-il donc? — Il est en Belgique, sa femme demande une séparation de biens ; mais il est allé chercher des ressources chez les Arstkée et Fluerens. — Mon Dieu, cela me rappelle mon pauvre mari ! Cher monsieur de Rastignac, comme cela doit vous faire mal, à vous si attaché à cette maison-là. — Pourvu que tous les indifférens soient à l'abri, ses amis seront récompensés plus tard, il s'en tirera, c'est un homme habile. — Un honnête homme, dit la baronne. Au bout de neuf jours, la liquidation du passif de la maison Nucingen était opérée, sans autres procédés que les lettres par lesquelles chacun demandait l'emploi de son argent en valeurs désignées et sans autres formalités de la part des maisons de banque que la remise des valeurs Nucingen contre les actions qui prenaient faveur. Pendant que du Tillet, Werbrust, Claparon, Gigonnet et quelques gens, qui se croyaient fins, faisaient revenir de l'étranger avec un pour cent de prime le papier de la maison Nucingen, car ils gagnaient encore à l'échanger contre les actions en hausse, la rumeur était d'autant plus grande sur la place de Paris, que personne n'avait plus rien à craindre. On babillait sur Nucingen, on l'examinait, on le jugeait, on trouvait moyen de le calomnier! Son luxe, ses entreprises, quand un homme en fait autant, il se coule, etc. Quelques maisons furent très-étonnées de recevoir des lettres de Genève, de Bâle, de Milan, de Naples, de Gênes, de Marseille, de Londres, dans lesquelles leurs correspondans annonçaient, non sans étonnement, qu'on leur offrait un pour cent de prime du papier de Nucingen dont elles leur mandaient la faillite. — Il se passe quelque chose, dirent les loups-cerviers. Le tribunal avait prononcé la séparation des biens entre Nucingen et sa femme. La question se compliqua bien plus encore : les journaux annoncèrent le retour de M. le baron de Nucingen, lequel avait été s'entendre avec un célèbre industriel de la Belgique, pour l'exploitation d'anciennes mines de charbon de terre, alors en souffrance, les fosses des bois de Bossut. Le baron reparut à la Bourse, sans seulement prendre la peine de démentir les rumeurs calomnieuses qui avaient circulé sur sa maison, il dédaigna de réclamer par la voie des journaux, il acheta pour deux millions un magnifique domaine aux portes de Paris. Six semaines après, le journal de Bordeaux annonça l'entrée en rivière de deux vaisseaux chargés, pour le compte de la maison Nucingen, de métaux dont la valeur était de sept millions. Palma, Werbrust et du Tillet comprirent que le tour était fait, mais ils furent les seuls à le comprendre. Ces écoliers étudièrent la mise en scène de ce *puff* financier, reconnurent qu'il était préparé depuis onze mois, et proclamèrent Nucingen le plus grand financier européen. Rastignac n'y comprit rien, mais il y avait gagné trois cent mille francs que Nucingen lui avait laissé tondre sur les brebis parisiennes, et avec lesquels il a doté ses deux sœurs. D'Aiglemont, averti par son cousin Baudenord, était venu supplier Rastignac d'accepter dix pour cent de son million, s'il lui faisait obtenir l'emploi du million en actions sur un canal qui est encore à faire, car Nucingen a si bien roulé le gouvernement dans cette affaire-là que les concessionnaires du canal ont intérêt à ne pas le finir. Charles Grandet l'a imploré pour échanger son argent contre des actions. Enfin, Rastignac a joué pendant dix jours le rôle de Law supplié par les plus jolies duchesses de leur donner des actions, et aujourd'hui le gars peut avoir quinze ou vingt mille livres de rente en actions dans les mines de plomb argentifère.

— Si tout le monde gagne, qui donc a perdu? dit Finot.

— Conclusion, reprit Bixiou. Alléchés par le second faux dividende qu'ils touchèrent quelques mois après l'échange de leur argent contre les actions, le marquis d'Aiglemont et Beaudenord les gardèrent (je vous les pose pour tous les autres), ils avaient trois pour cent de plus de leurs capitaux, ils chantèrent les louanges de Nucingen, et le défendirent au moment même où il fut soupçonné de suspendre ses paiemens. Godefroid épousa sa chère Isaure, et reçut pour cent mille francs d'actions dans les mines. A l'occasion de ce mariage, les Nucingen donnèrent un bal dont la magnificence surpassa l'idée qu'on s'en faisait. Delphine offrit à la jeune mariée une charmante parure en rubis. Isaure dansa, non plus en jeune fille, mais en femme heureuse. La petite baronne fut plus que jamais bergère des Alpes. Malvina, la femme d'*Avez-vous vu dans Barcelone?* entendit au milieu de ce bal, du Tillet lui conseiller sèchement d'être madame Desroches. Desroches, chauffé par les Nucingen, par Rastignac, essaya de traiter les affaires d'intérêt; mais aux premiers mots d'actions des mines données en dot, il rompit, et se retourna vers les Matifat. Rue du Cherche-Midi, l'avoué trouva les damnées actions sur les canaux dont Gigonnet avait bourré Matifat au lieu de lui donner de l'argent. Vois-tu Desroches rencontrant le râteau de Nucingen sur les deux dots qu'il avait couchées en joue. Les catastrophes ne se firent pas attendre. La société Claparon fit trop d'affaires, il y eut engorgement, elle cessa de servir les intérêts et de donner des dividendes, quoique ses opérations fussent excellentes. Ce malheur se combina avec les événemens de 1827, 1830 et 1832. De douze cent cinquante francs, les actions tombèrent à quatre cents francs, quoiqu'elles valussent intrinsèquement six cents francs. Nucingen, qui connaissait leur prix intrinsèque, racheta. La petite baronne d'Aldrigger avait vendu ses actions dans les mines qui ne rapportaient rien, et Godefroid vendit celles de sa femme par la même raison, et comme la baronne, il avait échangé les mines contre les actions de la société Claparon. Leurs dettes les forcèrent à vendre en pleine baisse. De ce qui leur représentait sept cent mille francs, ils en eurent deux cent trente mille, avec lesquels ils firent leur lessive, et le reste fut prudemment placé dans le trois pour cent à 75. Godefroid, si heureux garçon, sans soucis, qui n'avait qu'à se laisser vivre, se vit chargé d'une petite femme incapable de supporter l'infortune, bête comme une oie, car au bout de six mois il s'était aperçu du changement de l'objet aimé en volatile, et chargé d'une belle-mère sans pain qui rêve toilettes. Les deux familles se sont réunies pour pouvoir exister. Godefroid fut obligé d'en venir à faire agir toutes ses protections refroidies pour avoir une place de mille écus au ministère des finances. Les amis?... aux Eaux. Les parens?... étonnés, promettant : « *Comment, mon cher, mais comptez sur moi! Pauvre garçon!* » Oublié un quart-d'heure après. Il dut sa place à l'influence de Nucingen et de Vandenesse. Ces gens si estimables et si malheureux logent aujourd'hui rue de Mont-Thabor, à un troisième étage au-dessus de l'entre-sol. L'arrière-petite perle des Adolphus, Malvina, ne possède rien, elle donne des leçons de piano pour ne pas être à charge à son beau-frère. Noire, grande, mince, sèche, elle ressemble à une momie échappée de chez Passalacqua et qui court à pied dans Paris. En 1830, Beaudenord a perdu sa place, et sa femme lui a donné un quatrième enfant. Huit maîtres et deux domestiques (Wirth et sa femme)! argent : huit mille livres de rentes. Les mines donnent aujourd'hui des dividendes si considérables que l'action de mille francs vaut mille francs de rente. Rastignac et madame de Nucingen ont acheté les actions vendues par Godefroid et par la baronne. Nucingen a été créé pair de France par la révolution de juillet, et grand-officier de la Légion-d'Honneur. Quoiqu'il n'ait pas liquidé après 1830, il a, dit-on, seize à dix-huit millions de fortune. Sûr des ordonnances de juillet, il avait vendu tous ses fonds et replacé hardiment quand le trois pour cent fut à 45, et il a fait croire au château que c'était par dévoûment. Dernièrement, en passant rue de Rivoli pour aller au bois de Boulogne, il aperçut sous les arcades la baronne d'Aldrigger, elle avait une capote verte doublée de rose, une robe à fleurs, une mantille, enfin elle était toujours et plus que jamais bergère des Alpes, car elle n'a pas plus compris les causes de son malheur que les causes de son opulence, elle s'appuyait sur la pauvre Malvina, modèle des dévouemens héroïques, et qui avait l'air d'être la vieille mère, tandis que la baronne avait l'air d'être la jeune fille. Wirth les suivait un parapluie à la main. « Foilà tes chens, dit le baron à un nouveau ministre avec lequel il allait se promener, tont il m'a ité imbossible de faire la forteine. La pourrasque à principes est passée, reblacez tonc ce baufre Peautenord. » Beaudenord est rentré aux finances par les soins de Nucingen que les d'Aldrigger vantent comme un héros d'amitié, car il invite toujours la petite bergère des Alpes et ses filles. Il est impossible à qui que ce soit au monde de démontrer comment il a, par trois fois et sans effraction, voulu voler le public enrichi par lui, malgré lui. Personne n'a de reproches à lui faire. Qui viendrait dire que la haute banque est parfois un coupe-gorge, commettrait la plus insigne calomnie. Si les effets haussent et baissent, si les valeurs augmentent et se détériorent, ce flux et reflux est produit par un mouvement naturel, atmosphérique, en rapport avec l'influence de la lune, et M. Arago est coupable de ne donner aucune théorie scientifique sur cet important phénomène. Il résulte seulement de ceci une vérité pécuniaire que je n'ai vu écrite nulle part.

— Laquelle?

— Le débiteur est plus fort que le créancier.

— Oh! dit Blondet, moi je vois dans ce que nous avons dit la paraphrase d'un mot de Montesquieu, dans lequel il a concentré l'Esprit des Lois.

— Quoi, dit Finot.

— Les lois sont des toiles d'araignées à travers lesquelles passent les grosses mouches.

— Où veux-tu donc en venir? dit Finot à Blondet.

— Au gouvernement absolu, le seul où les entreprises de l'esprit contre la loi puissent être réprimées! Oui, l'arbitraire sauve les peuples en venant au secours de la justice, car le droit de grâce n'a pas d'envers, le Roi peut gracier le banqueroutier frauduleux, il ne rend rien à l'actionnaire. La légalité tue la société moderne.

— Fais comprendre cela à des électeurs! dit Bixiou.

— Il y a quelqu'un qui s'en est chargé.

— Qui?

— Le temps. Comme l'a dit l'évêque de Léon, si la liberté est ancienne, le pouvoir absolu est éternel : toute nation saine d'esprit y reviendra sous une forme ou sous une autre.

— Tiens, il y avait du monde à côté, dit Finot en nous entendant sortir.

— Il y a toujours du monde à côté, répondit Bixiou qui me parut aviné.

Paris, novembre 1837.

# ENVOI

## A Madame Zulma Caraud,

### A Frapesle.

N'est-ce pas à vous, Madame, dont la haute et probe intelligence est comme un trésor pour vos amis, à vous, qui êtes à la fois pour moi tout un public judicieux, et la plus indulgente des sœurs, que je dois dédier cette œuvre? Daignez l'accepter comme témoignage d'une amitié dont je suis fier.

DE BALZAC.

Aux Jardies, août 1838.

FIN DE LA MAISON NUCINGEN.

# LA TORPILLE.

# DÉDICACE

# A Son Altesse,

### LE PRINCE

*Alfonso Serafino di Porcia,*

### A MILAN.

Permettez-moi de mettre votre nom en tête d'une œuvre essentiellement parisienne et méditée chez vous ces jours derniers. N'est-il pas naturel de vous offrir les fleurs de rhétorique poussées dans votre jardin, arrosées des regrets qui m'ont fait connaître la nostalgie, et que vous avez adoucis, quand j'errais sous les *boschetti*, dont les ormes me rappelaient les Champs-Élysées. Peut-être rachèterai-je ainsi le crime d'avoir rêvé Paris en face du Dôme, d'avoir aspiré à nos rues si boueuses sur les dalles si propres et si élégantes de Porta Renza. Quand j'aurai quelques livres à publier qui pourront être dédiés à des Milanaises, j'aurai le bonheur de trouver des noms déjà chers à vos vieux conteurs italiens parmi ceux des personnes que nous aimons, et au souvenir desquelles je vous prie de rappeler

Votre sincèrement affectionné,

DE BALZAC.

# LE BAL DE L'OPÉRA.

En 1824, au dernier bal de l'Opéra, plusieurs masques furent frappés de la beauté d'un jeune homme qui se promenait dans la salle, dans les corridors et dans le foyer, avec l'allure des gens en quête d'une femme attardée, ou que des circonstances imprévues retiennent au logis. Le secret de cette démarche, tour à tour indolente et pressée, n'est connu que des vieilles femmes et de quelques flaneurs émérites : dans cet immense rendez-vous, la foule observe peu la foule, les intérêts sont passionnés, le désœuvrement s'ennuie.

Le jeune dandy était si bien absorbé par son inquiète recherche, qu'il ne s'apercevait pas de son succès. Les exclamations railleusement admiratives de certains masques, les étonnemens sérieux, les mordans lazzis, les plus douces paroles, il ne les entendait, il ne les voyait point. Quoique sa beauté le classât parmi ces personnages exceptionnels qui viennent au bal de l'Opéra pour y avoir une aventure, et qui l'attendent comme on attendait un coup heureux à la roulette quand Frascati vivait, il paraissait bourgeoisement sûr de sa soirée, il devait être le héros d'un de ces mystères à trois personnages qui composent tout le bal masqué de l'Opéra, et connus seulement de ceux qui y jouent leur rôle; car pour les jeunes femmes qui viennent là pour pouvoir dire : j'ai vu, pour les gens de province, pour les jeunes gens inexpérimentés, pour les étrangers, l'Opéra doit être alors le palais de la fatigue et de l'ennui. Pour eux, cette foule noire, lente et pressée, qui va, vient, serpente, tourne, retourne, monte, descend, et ne peut être comparée qu'à des fourmis sur leur tas de bois, n'est pas plus compréhensible que la Bourse pour un paysan bas-breton qui ignore l'existence du grand-livre.

A de rares exceptions près, à Paris, les hommes ne se masquent point : un homme en domino parait ridicule. En ceci le génie de la nation éclate : les gens qui veulent cacher leur bonheur peuvent aller au bal de l'Opéra sans y venir, les masques absolument forcés d'y entrer en sortent aussitôt, car une des choses les plus amusantes est l'encombrement que produit à la porte, dès l'ouverture du bal, les masses ascendantes et descendantes; ainsi, les hommes

masqués sont des maris jaloux qui viennent es-
pionner leurs femmes, ou des maris en bonne
fortune qui ne veulent pas être espionnés par
elles, deux situations également moquables. Le
jeune homme était suivi, sans qu'il le sût, par
un masque assassin, gros et court, roulant sur
lui-même comme un tonneau. Pour tout habitué de l'Opéra, ce domino trahissait un administrateur, un agent de change, un banquier,
un notaire, un bourgeois quelconque en soupçon de son infidèle, car, dans la très-haute
société, personne ne court après d'humiliants
témoignages. Déjà plusieurs masques s'étaient
montré en riant ce monstrueux personnage,
d'autres l'avaient apostrophé, quelques jeunes
gens s'en étaient moqués; sa carrure et son
maintien annonçaient un dédain marqué pour
ces traits sans portée : il allait où le menait le
jeune homme, comme va un sanglier poursuivi
qui ne se soucie ni des balles qui sifflent à ses
oreilles, ni des chiens qui aboient après lui.

Quoiqu'au premier abord le plaisir et l'inquiétude aient pris la même livrée, l'illustre robe noire vénitienne, et que tout soit confus au bal de l'Opéra, les différents cercles dont se compose la société parisienne se retrouvent, se reconnaissent et s'observent : il y a des notions si précises pour quelques initiés, que ce grimoire d'intérêts est lisible comme un roman qui serait amusant. Pour les habitués, cet homme ne pouvait donc pas être en bonne fortune, il eût infailliblement porté quelque marque convenue, rouge, blanche ou verte, qui signale des bonheurs apprêtés de longue main.

S'agissait-il d'une vengeance ? En le voyant suivre de si près un amant, quelques désœuvrés revenaient au beau visage sur lequel le plaisir avait mis sa divine auréole. Le jeune homme intéressait : plus il allait, plus il réveillait de curiosités. Tout en lui signalait les habitudes d'une vie élégante. Suivant une fatale loi de cette époque, il n'y avait aucune différence ni physique ni morale entre le plus distingué, le mieux élevé des fils d'un duc et pair, et lui que naguère la misère étreignait de ses mains de fer au milieu de Paris. Sa beauté, sa jeunesse pouvaient masquer de profonds abîmes, comme chez beaucoup de jeunes gens qui veulent jouer un rôle à Paris sans posséder le capital nécessaire à leurs prétentions, et qui chaque jour risquent le tout pour le tout en sacrifiant au Dieu le plus courtisé dans cette cité royale, le Hasard. Sa mise, ses manières étaient donc irréprochables, il foulait le parquet classique du foyer en habitué de l'Opéra, car il y a là, comme dans toutes les zônes de Paris, une façon d'être qui révèle ce que vous êtes, ce que vous faites, d'où vous venez et ce que vous voulez.

— Le beau jeune homme! Ici l'on peut se retourner pour le voir, dit un masque en qui les habitués du bal reconnaissaient une femme comme il faut.

— Vous ne vous le rappelez pas, lui répondit

son cavalier, il est vrai qu'il est bien changé !
Madame du Châtelet vous l'a présenté...

— Eh ! c'est le petit apothicaire dont elle
s'était amourachée : il s'est formé.

— Sa physionomie, reprit le baron du Châtelet, annonce une pensée mûrie au feu des
plus vives contrariétés, les misères de la vie
littéraire y ont laissé leurs empreintes, il a été
journaliste, il a écrit, il a fait des dettes, il a
ruiné sa famille, il....

— Ah, il a écrit !

— Oui, mais reprit l'envieux, il a, dit-on,
assez de talent pour ne pas avoir d'amis, et pas
assez de succès pour avoir des ennemis. Sa médiocrité coulait entre deux eaux. Je le croyais
tombé trop au fond pour jamais pouvoir remonter, et je ne comprends pas comment il
peut reparaître dans le monde.

— Il a de belles mains et un air de prince,
dit le masque, certes quelque femme comme il
faut a passé par là. Ma cousine, qui l'avait de-

viné, n'a pas su le débarbouiller. Dites-moi quelque chose de sa vie qui puisse me permettre de l'intriguer.

Ce couple qui suivait le jeune homme en chuchotant fut alors particulièrement observé par le masque aux épaules carrées.

— Cher monsieur Chardon, dit le baron du Châtelet en prenant le dandy par le bras, je vous présente une personne qui veut renouer connaissance avec vous...

— Cher baron Châtelet, répondit le jeune homme, cette personne m'a appris combien était ridicule le nom que vous me donnez. Une ordonnance du roi m'a rendu celui de mes ancêtres maternels, les Rubempré. Quoique les journaux aient annoncé ce fait, il concerne un si pauvre personnage que je ne rougis point de le rappeler à mes amis, à mes ennemis et aux indifférents : vous vous classerez où vous voudrez, mais je suis certain que vous ne désapprouverez point une mesure qui me fut conseillée par la baronne quand elle n'était encore que madame de Bargeton.

— Puisque vous m'avez reconnue, je ne puis plus vous intriguer, et ne saurais vous exprimer à quel point vous m'intriguez, lui dit à voix basse la marquise d'Espard tout étonnée de l'impertinence et de l'aplomb acquis par l'homme qu'elle avait jadis méprisé.

— Permettez-moi donc, madame, de conserver la seule chance que j'aie d'occuper votre pensée en restant dans ma pénombre mystérieuse, dit-il avec le sourire d'un homme qui ne veut pas compromettre un bonheur sûr.

La marquise ne put réprimer un petit mouvement sec en se sentant, suivant une expression anglaise, *coupée* par la précision de Lucien.

— Je vous fais mon compliment sur votre changement de position, dit le haut fonctionnaire.

— Et je le reçois comme vous me l'adressez,

répliqua Lucien en saluant la marquise avec une grâce infinie.

— Le fat! dit à voix basse le baron à madame d'Espard, il a des ancêtres!

— Chez les jeunes gens, la fatuité, quand elle tombe sur nous, annonce presque toujours un bonheur très-haut situé, car, entre vous autres, elle annonce la mauvaise fortune. Aussi voudrais-je connaître celle de nos amies qui a pris ce bel oiseau sous sa protection, peut-être aurais-je alors la possibilité de m'amuser ce soir. Mon billet anonyme est peut-être une méchanceté préparée par quelque rivale, car il y est question de lui : son impertinence lui aura été dictée. Espionnez-le, je vais prendre le bras du duc de Navarreins, vous saurez bien me retrouver.

Au moment ou madame d'Espard allait aborder son parent, le masque mystérieux se plaça entre elle et le duc pour lui dire à l'oreille : — Lucien vous aime, il est l'auteur du billet, votre cavalier est son plus grand ennemi, pouvait-il s'expliquer devant lui ? Puis il s'éloigna, la laissant en proie à une double surprise. La marquise ne savait personne au monde capable de jouer le rôle de ce masque, elle craignait un piége, elle alla s'asseoir et se cacha. Le baron Châtelet, à qui Lucien avait retranché son *du* ambitieux avec une affectation qui sentait une vengeance long-temps rêvée, suivit à distance ce merveilleux dandy et rencontra bientôt un jeune homme auquel il crut pouvoir parler à cœur ouvert.

— Eh bien, Rastignac, avez-vous vu Lucien ? il a fait peau neuve.

— Si j'étais aussi joli garçon, je serais encore plus riche que lui, répondit le jeune élégant d'un ton léger mais fin qui exprimait une raillerie attique.

— Non, lui dit à l'oreille le gros masque en lui rendant mille railleries pour une par la manière dont il accentua le monosyllabe.

Rastignac, qui n'était pas homme à dévorer

une insulte, resta comme frappé de la foudre, et se laissa mener dans l'embrasure d'une fenêtre par une main de fer qu'il lui fut impossible de secouer.

— Jeune coq sorti du poulailler de maman Vauquer, vous à qui le cœur a manqué pour saisir les millions du papa Taillefer quand le plus fort de l'ouvrage était fait, sachez, pour votre sûreté personnelle, que si vous ne vous comportez pas avec Lucien comme avec un frère que vous aimeriez, vous êtes dans nos mains sans que nous soyons dans les vôtres. Silence et dévouement, ou j'entre dans votre jeu pour renverser vos quilles. Lucien de Rubempré est protégé par le plus grand pouvoir d'aujourd'hui, l'Église. Choisissez entre la vie ou la mort. Votre réponse ?

Rastignac eut le vertige comme un homme qui se réveille à côté d'une lionne ; il eut peur, mais sans témoins : les hommes les plus courageux s'abandonnent alors à la peur.

— Il n'y a que *lui* pour oser...., se dit-il à lui-même.

Le masque lui serra la main pour l'empêcher de finir sa phrase : — Agissez comme si c'était *lui !* dit-il.

Rastignac se conduisit alors comme un millionnaire sur la grande route en se voyant mis en joue par un brigand : il capitula.

— Mon cher baron, dit-il à Châtelet vers lequel il revint, si vous tenez à votre position, traitez Lucien de Rubempré comme un haut personnage.

Le masque laissa échapper un imperceptible geste de satisfaction, et se remit sur la trace de Lucien.

— Mon cher, répondit le baron justement étonné, vous avez bien rapidement changé d'opinion sur son compte.

— Aussi rapidement que ceux qui sont au centre et votent avec la droite, répondit Rastignac à ce député, dont la voix manquait depuis peu de jours au ministère.

— Est-ce qu'il y a des opinions aujourd'hui, il n'y a plus que des intérêts, répliqua Des Lupeaulx qui les écoutait. De quoi s'agit-il?

— Du sieur de Rubempré que Rastignac veut me donner pour un personnage, dit le député au secrétaire-général.

— Mon cher baron, lui répondit Des Lupeaulx d'un air grave, M. de Rubempré est un jeune homme du plus grand mérite et bien appuyé. Je me croirais très-heureux de renouer connaissance avec lui.

— Le voilà qui va tomber dans le guêpier des roués de l'époque, les journalistes, dit Rastignac.

Les trois interlocuteurs se tournèrent vers un coin où se tenaient quelques beaux esprits, des hommes plus ou moins célèbres, et plusieurs élégants. Ces messieurs mettaient en commun leurs observations, leurs bons mots et leurs médisances, en essayant de s'amuser ou en attendant quelque amusement. Dans cette troupe si bizarrement composée se trouvaient des gens avec qui Lucien avait eu des relations mêlées de procédés ostensiblement bons et de mauvais services cachés.

— Eh bien, Lucien, mon enfant, mon cher amour, nous voilà rempaillé, rafistolé. D'où venons nous? nous avons donc remonté sur notre bête? bravo, mon gars! lui dit Blondet en quittant le bras de Finot pour prendre familièrement Lucien par la taille et le serrer contre son cœur.

Andoche Finot était le propriétaire du journal où Lucien avait travaillé gratis, et dont Blondet faisait la fortune par sa collaboration, comme il devait faire celle de l'homme par la sagesse de ses conseils et la profondeur de ses vues. Finot et Blondet personnifiaient Bertrand et Raton, à cette différence près que le chat de La Fontaine finit par s'apercevoir de sa duperie, et que tout en se sachant dupé, Blondet servait toujours Finot. Ce brillant condottiere de plume devait en effet être continuellement esclave. Finot cachait une volonté brutale sous des dehors lourds, sous les pavots d'une bêtise impertinente, frottée d'esprit comme le pain d'un manœuvre est frotté d'ail, il savait engranger ce qu'il glanait, les idées et les écus, à travers les champs de la vie dissipée que mènent les gens de lettres et les gens d'affaires politiques. Blondet, pour son malheur, avait mis sa force à la solde de ses vices et de sa paresse, il était toujours surpris par le besoin ; il appartenait au pauvre clan des gens éminens qui peuvent tout pour la fortune d'autrui sans rien pouvoir pour la leur, des Aladins qui se laissent emprunter leur lampe. Ces admirables conseillers ont l'esprit perspicace et juste quand il n'est pas tiraillé par l'intérêt personnel ; chez eux, c'est la tête et non le bras qui agit ; de là le décousu de leurs mœurs, et de là le blâme dont les accablent les esprits inférieurs. Blondet partageait sa bourse avec le camarade qu'il avait blessé la veille ; il dînait, trinquait, couchait avec celui qu'il égorgeait le lendemain ; ses amusans paradoxes justifiaient tout ; il acceptait le monde entier comme une plaisanterie, il ne voulait pas être pris au sérieux. Jeune, aimé, presque célèbre, heureux, il ne s'occupait pas, comme Finot, d'acquérir la fortune nécessaire à l'homme âgé.

Le courage le plus difficile est peut-être celui dont Lucien avait besoin en ce moment pour couper Blondet comme il venait de couper madame d'Espard et Châtelet. Malheureusement, chez lui, les jouissances de la vanité gênaient l'exercice de l'orgueil, qui certes est le principe de beaucoup de grandes choses. Sa vanité avait triomphé dans sa précédente rencontre, il s'était montré riche, heureux et dédaigneux avec deux personnes qui jadis l'avaient dédaigné pauvre et misérable ; mais un poète pouvait-il, comme un diplomate vieilli, rompre en visière à deux soi-disant amis qui l'avaient accueilli dans sa misère, chez lesquels il avait couché durant les jours de détresse? Finot, Blondet et lui s'étaient avilis de compagnie, ils avaient roulé dans des orgies rarement payées. Comme ces soldats qui ne savent pas placer leur courage, Lucien fit alors ce que font bien des gens dans Paris, il compromit de nouveau son caractère en acceptant une poignée de main de Finot, en ne se refusant pas à la caresse de Blondet. Quiconque a trempé dans le journalisme, ou y trempe encore, est dans la nécessité cruelle de saluer des hommes qu'il méprise, de sourire à son meilleur ennemi, de pactiser avec les plus fétides bassesses, de se salir les doigts en voulant payer ses agresseurs avec leur monnaie. On s'habitue à voir faire le mal, à le laisser passer, on commence par l'approuver, on finit par le commettre. A la longue, l'ame sans cesse maculée par de honteuses et continuelles transactions s'amoindrit, le ressort des pensées nobles se rouille, les gonds de la banalité s'usent et tournent d'eux-mêmes; les Alcestes deviennent des Philintes, les caractères se détrempent, les talents s'abâtardissent, la foi dans les belles œuvres s'envole; tel qui voulait s'enorgueillir de ses pages, se dépense en de tristes articles que sa conscience lui signale tôt ou tard comme autant de mauvaises actions. On était venu pour être un grand écrivain, on se trouve un impuissant folliculaire. Comme une fille repentie qui rencontre deux prostituées en exercice, Lucien ne sut rien répondre au patelinage de Blondet dont l'esprit exerçait d'ailleurs sur lui d'irrésistibles séductions, et qui conservait l'ascendant du corrupteur sur l'élève.

— Avez-vous hérité d'un oncle? lui dit Finot d'un air railleur.

— Vous savez bien, mes maîtres, qu'il y a souvent de bons coups dans notre métier, lui répondit Lucien sur le même ton.

— Vous en avez attrapé un ? reprit Andoche Finot avec la suffisante impertinence que déploie l'exploitant envers son exploité.

— Un qui peut me permettre de rembourser tous mes amis, répliqua Lucien dont la vanité blessée par la supériorité qu'affectait le rédacteur en chef lui rendit l'esprit de sa nouvelle position.

— Finot, te voilà distancé par ce garçon-là, je te l'ai prédit. Lucien a du talent, tu ne l'as pas ménagé, tu l'as roué; repens-toi, gros butor, reprit Blondet, qui fin comme le musc, vit plus d'un secret dans l'accent, dans le geste, dans l'air de Lucien, et sut, tout en l'adoucissant, resserrer par ces paroles la gourmette de la bride. A genoux devant une supériorité que tu n'auras jamais, quoique tu sois Finot! Admets monsieur, et sur-le-champ, au nombre des hommes forts à qui l'avenir appartient, il est des nôtres! Spirituel et beau, ne doit-il pas arriver par tes *quibuscumque viis?* Le voilà dans sa bonne armure de Milan, avec sa puissante dague à moitié tirée, et son pennon arboré! Tudieu, Lucien, où as-tu volé ce joli gilet? il n'y a que l'amour pour broder ces étoffes. Avons-nous un domicile? Dans ce moment, j'ai besoin de savoir les adresses de mes amis, je ne sais où coucher. Finot m'a mis à la porte pour ce soir, sous le vulgaire prétexte d'une bonne fortune.

— Mon cher, répondit Lucien, j'ai mis en pratique un axiôme avec lequel on est sûr de vivre tranquille : *Fuge, late, tace!* Je vous laisse.

— Mais je ne te laisse pas que tu ne t'acquittes envers moi d'une dette sacrée, ce petit souper, hein?

— Quoi? reprit Lucien avec un geste d'impatience.

— Tu ne t'en souviens pas? Voilà où je reconnais la prospérité d'un ami : il n'a plus de mémoire.

— Il sait ce qu'il nous doit, je suis garant de son cœur, reprit Finot en saisissant la plaisanterie.

— Rastignac, dit Blondet en prenant le jeune élégant par le bras au moment où il arrivait en haut du foyer auprès de la colonne où se tenaient les soi-disant amis, il s'agit d'un souper, vous serez des nôtres.... A moins que Monsieur, reprit-il sérieusement en montrant Lucien, ne persiste à nier une dette d'honneur : il le peut !

— M. de Rubempré en est incapable, dit Rastignac qui pensait à autre chose qu'à une mystification.

— Voilà Bixiou, s'écria Blondet, il en sera, rien de complet sans lui ; sans lui, le vin de Champagne m'empâte la langue et je trouve tout fade, même le piment de mes épigrammes.

— Mes amis, dit Bixiou, je vois que vous êtes réunis autour de la merveille du jour, notre cher Lucien recommence les Métamorphoses d'Ovide. De même que les dieux se changeaient en de singuliers légumes et autres pour séduire des femmes, il a changé le chardon en gentilhomme pour séduire, quoi? Louis XVIII. Mon petit Lucien, dit-il en le prenant par un bouton de son habit, un écrivain libéral qui passe aux ultras mérite un joli charivari. A leur place, dit l'impitoyable railleur en montrant Finot et Blondet, je t'entamerais dans leur petit journal, tu leur rapporterais une centaine de francs, dix colonnes de bons mots.

— Bixiou, dit Blondet, un Amphitrion est sacré vingt-quatre heures auparavant et douze heures après la fête : notre illustre ami nous donne à souper, pour célébrer ses adieux à notre infâme corporation.

— Comment, comment, reprit Bixiou, mais quoi de plus nécessaire que de sauver un grand nom de l'oubli, que de doter l'indigente aristocratie d'un homme de talent! Lucien, tu as l'estime de la presse dont tu étais le plus bel ornement, et nous te soutiendrons. Finot, un entrefilet aux premiers Paris ! Blondet, une tartine insidieuse à la quatrième page de ton journal! Portons notre ami sur le pavois de papier timbré qui fait et défait les réputations.

— Et peut-être les trônes, ajouta Finot.

— Le voilà, dit Blondet. Oui, tout son esprit, c'est de dire : tue, quand un plaisant a dit légèrement : assomme !

—Si tu veux à souper, reprit Lucien à Blondet pour se défaire de cette troupe qui menaçait de se grossir, il me semble que tu n'avais pas besoin d'employer l'hyperbole et la parabole avec un ancien ami, comme si c'était un niais. A demain soir, chez Lointier, dit-il vivement en voyant venir une femme, et il s'élança vers elle.

—Oh! oh! oh! dit Bixiou sur trois tons et d'un air railleur en paraissant reconnaître le masque au-devant duquel allait Lucien, ceci mérite confirmation. Il suivit le joli couple, le devança, l'examina, revint, et dit à la grande satisfaction de tous ces envieux intéressés à savoir d'où provenait le changement de fortune de Lucien : — Mes amis, vous connaissez de longue main la bonne fortune du sire de Rubempré, c'est l'ancien rat de Des Lupeaulx.

— Qui? la Torpille, dit Blondet.

En entendant ce nom, le masque aux formes athlétiques laissa échapper un mouvement qui, bien que concentré, fut surpris par Rastignac.

L'une des perversités maintenant oubliées, mais en usage au commencement de ce siècle, était le luxe des rats. Un rat, mot déjà vieilli, s'appliquait à une enfant de dix à onze ans, comparse à quelque théâtre, surtout à l'Opéra, que les débauchés formaient pour le vice et l'infamie. Un rat était une espèce de page infernal, un gamin femelle à qui se pardonnaient les bons tours; le rat pouvait tout prendre, il fallait s'en défier comme d'un animal dangereux, il introduisait dans la vie un élément de gaîté comme jadis les Scapin, les Sganarelle et les Frontin dans l'ancienne comédie. Un rat était trop cher, il ne rapportait ni honneur, ni profit, ni plaisir, la mode des rats passa si bien, qu'aujourd'hui peu de personnes savent ce détail intime de la vie élégante avant la Restauration.

— Quelle perte irréparable fait l'élite de la littérature, de la science, de l'art et de la politique, dit Blondet. La Torpille est la seule fille de joie en qui se rencontre l'étoffe d'une belle courtisane. L'instruction ne l'avait pas gâtée, elle ne sait ni lire ni écrire, elle nous aurait compris. Nous aurions doté notre époque d'une de ces magnifiques figures aspasiennes sans lesquelles il n'y a pas de grand siècle. Voyez comme la Dubarry va bien au dix-huitième siècle, Ninon de l'Enclos au dix-septième, Marion de Lorme au seizième, Impéria au quinzième, Flora à la république romaine, qu'elle fit son héritière, et qui put payer sa dette avec sa succession. Que serait Horace sans Lydie, Tibulle sans Délie, Catulle sans Lesbie, Properce sans Cynthie, Démétrius sans Lamie, qui fait aujourd'hui sa gloire? Et sans toutes ces reines, que serait l'empire des Césars? Laïs, Rhodope sont la Grèce et l'Égypte ; et toutes sont la poésie des siècles où elles ont vécu. Cette poésie manque à Napoléon, la veuve de sa grande armée est une plaisanterie de caserne. Maintenant, en France, où c'est à qui trônera, certes, il y a un trône vacant! A nous tous, nous pouvions faire une reine. Moi j'aurais donné une tante à la Torpille, car sa mère est trop authentiquement morte au champ du déshonneur, Du Tillet lui aurait payé un hôtel, Couture une voiture, Rastignac des laquais, Des Lupeaulx un cuisinier, Finot des chapeaux, Bixiou lui aurait fait ses mots ; l'aristocratie serait venue s'amuser chez elle, où nous aurions appelé les artistes sous peine d'articles mortifères ; elle aurait été magnifique d'impertinence, écrasante de luxe ; elle aurait eu des opinions, on aurait lu chez elle un chef-d'œuvre dramatique défendu ; elle n'aurait pas été libérale, une courtisane est essentiellement monarchique. Ah! quelle perte ! elle devait embrasser tout son siècle, elle aime avec un petit jeune homme ! Lucien en fera quelque chien de chasse !

— Aucune des puissances femelles que tu nommes n'a barboté dans la rue, dit Finot, et ce joli rat a roulé dans la fange.

— Comme la graine d'un lys dans son terreau, reprit Blondet, elle s'y est embellie, elle y a fleuri. De là vient sa supériorité. Ne faut-il pas avoir tout connu pour créer le rire et la joie qui tiennent à tout ?

— Il a raison, dit un feuilletoniste nommé Vernou qui jusqu'alors avait observé sans parler, la Torpille sait rire et faire rire. Cette science des grands auteurs et des grands acteurs appartient à ceux qui ont pénétré toutes les profondeurs sociales. Cette fille, à dix-huit ans, a déjà connu la plus haute opulence, la plus basse misère, les hommes à tous les étages. Elle a comme une baguette magique avec laquelle elle déchaîne les appétits brutaux si violemment comprimés chez les hommes qui ont encore du cœur en s'occupant de politique ou de science, de littérature ou d'art. Il n'y a pas de femme dans Paris qui puisse dire comme elle à l'animal : sors! Et l'animal quitte sa loge, et il se roule dans les excès ; elle vous met à table jusqu'au menton, elle vous aide à boire, à fumer, elle est le sel chanté par Rabelais et qui, jeté sur la matière, l'anime et l'élève jusqu'aux merveilleuses régions de l'art : sa robe déploie des magnificences inouïes, ses doigts laissent tomber à temps leurs pierreries, comme sa bouche les sourires ; elle donne à toute chose l'esprit de la circonstance ; son jargon pétille de traits piquants ; elle a le secret des onomatopées les mieux colorées et les plus colorantes ; elle!...

— Tu perds cent sous de feuilleton, dit

Bixiou en l'interrompant, la Torpille est infiniment mieux que tout cela : vous avez tous été plus ou moins ses amants, nul de vous ne peut dire qu'elle a été sa maîtresse, elle peut toujours vous avoir, vous ne l'aurez jamais. Vous forcez sa porte, vous avez un service à lui demander....

— Oh ! elle est plus généreuse qu'un chef de brigands qui fait bien ses affaires, et plus dévouée que le meilleur camarade de collége, dit Blondet : on peut lui confier sa bourse et son secret. Mais ce qui me la faisait élire pour reine, c'est son indifférence bourbonnienne pour le favori tombé.

— Elle est comme sa mère : beaucoup trop chère, dit Des Lupeaulx qui survint. La belle Hollandaise aurait mangé les revenus de l'archevêque de Tolède.

— Trop chère, comme Raphaël, comme Rubens, comme Titien, comme Boulle, comme tous les artistes de génie, dit Blondet.

— Jamais Esther n'a eu cette apparence de femme comme il faut, dit alors Rastignac en montrant le masque à qui Lucien donnait le bras. Je parie pour la duchesse de Chaulieu.

— Il n'y a pas de doute, reprit du Châtelet, et la fortune de M. de Rubempré s'explique.

— Ah! l'Église sait choisir ses lévites, quel joli secrétaire d'ambassade il fera! dit Des Lupeaulx.

— D'autant plus, reprit Rastignac, que Lucien est homme de talent. Ces messieurs en ont eu plus d'une preuve, ajouta-t-il en regardant Blondet et Finot.

— Oui, le gars est délié, il ira loin, dit Blondet.

— Eh bien, répliqua Bixiou en regardant Des Lupeaulx, j'en appelle à monsieur le secrétaire-général et maître des requêtes, ce masque est la Torpille, je gage un souper...

— Je tiens le pari, dit Châtelet intéressé à savoir la vérité.

— Allons, Des Lupeaulx, dit Finot, voyez à

reconnaître les oreilles de votre ancien rat.

— Il n'y a pas besoin de commettre un crime de lèse-masque, reprit Bixiou, la Torpille et Lucien vont revenir jusqu'à nous, et, remontant le foyer, je m'engage à vous prouver alors que c'est elle.

— Il est donc revenu sur l'eau, notre ami Lucien, dit un semi-journaliste nommé Couture qui se joignit au groupe, je le croyais retourné dans l'Angoumois pour le reste de ses jours. A-t-il découvert quelque secret contre les Anglais?

— Il a fait ce que tu ne feras pas de sitôt, répondit Rastignac, il a tout payé.

Le masque hocha la tête en signe d'assentiment.

— En se rangeant à son âge, un homme se dérange bien, il n'a plus d'audace, il devient rentier, reprit Couture.

— Oh! celui-là sera toujours grand seigneur, et il y aura toujours en lui une indépendance d'idées qui le mettra au-dessus de bien des hommes soi-disant supérieurs, répondit Rastignac.

En ce moment tous examinaient, comme des maquignons examinent un cheval à vendre, le délicieux objet du pari. Ces juges vieillis dans la connaissance des dépravations parisiennes, tous d'un esprit supérieur et chacun à des titres différents, également corrompus, également corrupteurs, tous voués à des ambitions effrénées, habitués à tout supposer, à tout deviner, avaient les yeux ardemment fixés sur une femme masquée, une femme qui ne pouvait être déchiffrée que par eux. Eux et quelques habitués du bal de l'Opéra savaient seuls reconnaître, sous le long linceul du domino noir, sous son capuchon, sous son collet tombant qui rendent les femmes méconnaissables, la rondeur des formes, les particularités du maintien et de la démarche, le mouvement de la taille, le port de la tête, les choses les moins saisissables aux yeux vulgaires et les plus faciles à voir pour eux. Malgré cette enveloppe informe, ils purent donc reconnaître le plus émouvant des spectacles, celui que présente à l'œil une femme animée par un véritable amour. Que ce fût la Torpille ou la duchesse, le dernier ou le premier échelon de l'échelle sociale, cette créature était une admirable création, l'éclair des rêves heureux. Ces vieux jeunes gens, aussi bien que ces jeunes vieillards, éprouvèrent une sensation si vive qu'ils envièrent à Lucien le privilége sublime de cette métamorphose de la femme en déesse. Le masque était là comme s'il eût été seul avec Lucien, il n'y avait plus pour cette femme dix mille personnes, une atmosphère lourde et pleine de poussière; non, elle était sous la voûte céleste des amours, comme les madones de Raphaël sont sous leur ovale filet d'or. Elle ne sentait point les coudoiements. La flamme de son regard partait par les deux trous du masque et se ralliait aux yeux de Lucien. Le frémissement de son corps semblait avoir pour principe le mouvement même de son ami. D'où vient cette flamme qui rayonne autour d'une femme amoureuse et la signale entre toutes ? d'où vient cette légèreté de sylphide qui change les lois de la pesanteur ? Est-ce l'ame qui s'échappe ? Le bonheur a-t-il des vertus physiques ? L'ingénuité d'une vierge, les graces de l'enfance se trahissaient sous le domino. Quoique séparés, ces deux êtres ressemblaient à ces groupes de Flore et Zéphyre savamment enlacés par les plus habiles statuaires, mais à un groupe marchant; mais c'était plus que de la sculpture, le plus grand des arts : Lucien et le masque rappelaient ces anges occupés de fleurs ou d'oiseaux, et que le pinceau de Gian-Bellini a mis sous les images de la virginité mère, ils appartenaient à la fantaisie, qui est au-dessus de l'art comme la cause est au-dessus de l'effet. Quand cette femme, qui oubliait tout, fut à un pas du groupe, Bixiou cria : Esther? L'infortunée tourna vivement la tête comme une personne qui s'entend appeler, reconnut le malicieux personnage et baissa la tête comme un agonisant qui a rendu le dernier soupir. Un rire strident partit, et le groupe fondit au milieu de la foule comme une troupe de mulots effrayés, qui du bord d'un chemin rentrent dans leurs trous. Rastignac seul ne s'en alla pas plus loin qu'il ne le devait pour ne pas avoir l'air de fuir les regards étincelants de Lucien, il put admirer deux douleurs également profondes quoique voilées : d'abord la pauvre Torpille abattue comme par un coup de foudre, puis le masque incompréhensible, le seul du groupe qui fût resté. Esther dit un mot à l'oreille de Lucien au moment où ses genoux fléchirent, et Lucien disparut avec elle en la soutenant. Rastignac les suivit du regard en demeurant abîmé dans ses réflexions.

— D'où lui vient ce nom de Torpille? lui dit une voix sombre qui l'atteignit aux entrailles, car elle n'était plus déguisée.

— C'est bien lui qui s'est encore échappé...

— Tais-toi, ou je t'égorge, répondit le masque en prenant une autre voix. Je suis content de toi, tu as tenu ta parole, aussi as-tu plus d'un bras à ton service. Sois muet comme la tombe, et avant de te taire, réponds à ma demande.

— Eh bien, cette fille est si attrayante qu'elle aurait engourdi l'empereur Napoléon, et qu'elle engourdirait quelqu'un de plus difficile à séduire : toi ! répondit Rastignac en s'éloignant.

— Un instant, dit le masque. Je vais te montrer que tu dois ne m'avoir jamais vu.

L'homme se démasqua, Rastignac hésita pendant un moment en ne trouvant rien du hideux personnage qu'il avait jadis connu dans la maison Vauquer.

— Le diable vous a permis de tout changer

en vous, moins vos yeux qu'on ne saurait oublier, lui dit-il.

La main de fer lui serra le bras pour lui recommander un silence éternel. A trois heures du matin, Des Lupeaulx et Finot trouvèrent l'élégant Rastignac à la même place, appuyé sur la colonne où l'avait laissé le terrible masque. Rastignac s'était confessé à lui-même : il avait été le prêtre et le pénitent, le juge et l'accusé. Il se laissa emmener à déjeûner, et revint chez lui parfaitement gris, mais taciturne.

## LA FILLE REPENTIE.

Bien digne de son nom, la rue des Orties et ses rues adjacentes dépare le Palais-Royal et la rue de Rivoli. Cette partie du plus brillant quartier de Paris conservera long-temps la souillure qu'y ont laissée les monticules produits par les immondices du vieux Paris, et sur lesquels il y eut autrefois des moulins. Ces rues étroites, sombres et boueuses, où s'exercent des industries peu soigneuses de leurs dehors, prend à la nuit une physionomie mystérieuse et pleine de contrastes. En venant des endroits lumineux de la rue Saint-Honoré, de la rue Neuve-des-Petits-Champs et de la rue de Richelieu, où se presse une foule incessante, où reluisent les chefs-d'œuvre de l'industrie, de la mode et des arts, tout homme à qui le Paris du soir est inconnu serait saisi d'une terreur triste en tombant dans le lacis de petites rues qui cercle cette lueur reflétée jusque sur le ciel. Une ombre épaisse succède à des torrens de gaz, de loin en loin un pâle réverbère jette sa lueur incertaine et fumeuse qui n'éclaire plus certaines impasses noires. Les passans vont vite et sont rares. Les boutiques sont fermées, celles qui sont ouvertes ont un mauvais caractère : c'est un cabaret malpropre et sans lumière, une boutique de lingère qui vend de l'eau de Cologne. Un froid malsain pose sur vos épaules son manteau moite. Il passe peu de voitures. Il y a des coins sinistres parmi lesquels se distingue la rue des Orties, le débouché du passage Saint-Guillaume, et quelques tournans de rues. Le conseil de la ville n'a pu rien faire encore pour laver cette grande léproserie, car la prostitution a depuis long-temps établi là son quartier-général. Peut être est-ce un bonheur pour le monde parisien que de laisser à ces ruelles leur aspect ordurier ; qui les traverse le jour ne peut se figurer ce qu'elles deviennent à la nuit ; elles sont sillonnées par des êtres bizarres qui ne sont d'aucun monde : des formes à demi-nues et blanches meublent les murs, l'ombre est animée ; il se coule entre la muraille et le passant des toilettes qui marchent et qui parlent ; des portes se mettent à rire aux éclats ; il tombe dans l'oreille de ces paroles que Rabelais prétend s'être gelées et qui fondent, des ritournelles sortent d'entre les pavés. Le bruit n'est pas vague, il signifie quelque chose: quand il est rauque, c'est une voix; mais s'il ressemble à un chant, il n'a plus rien d'humain, il approche du sifflement. Il part souvent des coups de sifflets. Enfin les talons de botte ont je ne sais quoi de provoquant et de moqueur. Cet ensemble de choses donne le vertige. Les conditions atmosphériques y sont changées : on y a chaud en hiver et froid en été ; mais quelque temps qu'il fasse, cette nature étrange offre toujours le même spectacle. Le monde fantastique d'Hoffmann est là. Le caissier le plus mathématique n'y trouve rien de réel après avoir repassé les détroits qui mènent aux rues vraies où il y a des passans, des boutiques et des quinquets.

Plus dédaigneuse, plus honteuse que les reines et que les rois du temps passé qui n'ont pas craint de s'occuper des courtisanes, l'administration ou la politique moderne n'ose plus envisager en face cette plaie des capitales. Certes, les mesures doivent changer avec les temps, et celles qui tiennent aux individus et à leur liberté sont délicates ; mais peut-être devrait-on se montrer large et hardi sur les combinaisons purement matérielles, comme l'air, la lumière, les locaux. Le moraliste, l'artiste et le sage administrateur regretteront les anciennes galeries de bois du Palais-Royal où se parquaient ces brebis qui viendront toujours où vont les promeneurs, et il vaut mieux que les promeneurs aillent où elles sont. Qu'est-il arrivé ? Aujourd'hui les parties les plus brillantes des boulevards, cette promenade enchantée, sont interdites le soir à la famille : la police n'a pas su profiter des ressources offertes, sous ce rapport, par quelques passages pour sauver la voie publique.

La grisette brisée par un mot au bal de l'Opéra, demeurait rue des Orties, dans une maison d'ignoble apparence. Accolée au mur d'une immense maison, cette construction mal plâtrée, sans profondeur et d'une hauteur prodigieuse, tirait son jour de la rue, et ressemblait à un bâton de perroquet : elle avait un appartement de deux pièces à chaque étage. Elle était desservie par un petit escalier mince plaqué contre la muraille et singulièrement éclairé par des châssis qui dessinaient extérieurement la rampe et où chaque palier était indiqué par un plomb, l'une des plus horribles particularités de Paris. La boutique et l'entresol appartenaient à un ferblantier, le propriétaire demeurait au premier, une vieille rentière habitait le second, les trois autres étages étaient occupés par des grisettes très-décentes qui trouvaient chez le propriétaire et la portière une considération et des complaisances nécessitées par la difficulté de louer une maison si singulièrement bâtie et située. La destination de ce quartier s'explique par l'existence d'une assez grande quantité de maisons semblables à celles-ci, dont le Commerce ne veut pas, et qui ne peuvent être exploitées que par des industries désavouées, précaires ou sans dignité.

A trois heures après midi, la portière, qui avait vu mademoiselle Esther ramenée mourante par un jeune homme, à deux heures du matin, venait de tenir conseil avec la voisine logée à l'étage supérieur, laquelle, avant de monter en voiture pour se rendre à quelque partie de plaisir, lui avait témoigné son inquiétude sur Esther : elle ne l'avait pas entendue remuer, Esther dormait sans doute encore; mais ce sommeil semblait suspect. Seule dans sa loge, la portière regrettait de ne pouvoir aller s'enquérir de ce qui se passait au quatrième étage, où se trouvait le logement de mademoiselle Esther. Au moment où elle se décidait à confier au fils du ferblantier la garde de sa loge, espèce de niche pratiquée dans un enfoncement du mur, à l'entresol, un fiacre s'arrêta. Un homme enveloppé dans un manteau de la tête aux pieds, avec une évidente intention de cacher son costume ou sa qualité, en sortit et demanda mademoiselle Esther. La portière fut alors entièrement rassurée; le silence et la tranquillité de la recluse lui semblèrent parfaitement expliqués. Lorsque le visiteur monta les degrés au-dessus de la loge, la portière remarqua les boucles d'argent qui décoraient ses souliers, elle crut avoir aperçu la frange noire d'une ceinture de soutane; elle descendit et questionna le cocher, qui répondit sans parler : la portière comprit encore.

Le prêtre frappa, ne reçut aucune réponse, entendit de légers soupirs, et força la porte d'un coup d'épaule, avec une vigueur que lui donnait sans doute la charité, mais qui chez tout autre aurait paru de l'habitude. Il se précipita dans la seconde pièce, et vit, devant une sainte Vierge en plâtre colorié, la pauvre Esther agenouillée, ou mieux, tombée sur elle-même, les mains jointes. La grisette expirait. Un réchaud de charbon consumé disait l'histoire de cette terrible matinée. Le capuchon et le mantelet du domino se trouvaient à terre. Le lit n'était pas défait. La pauvre créature, atteinte au cœur d'une blessure mortelle, avait tout disposé sans doute à son retour de l'Opéra. Une mèche de chandelle, figée dans la mare que contenait la bobèche du chandelier, apprenait combien Esther avait été absorbée par ses dernières réflexions. Un mouchoir trempé de larmes prouvait la sincérité de ce désespoir de Madeleine, dont la pose classique était celle de la courtisane irréligieuse. Ce repentir absolu fit sourire le prêtre. Inhabile à mourir, Esther avait laissé sa porte ouverte, sans calculer que l'air des deux pièces voulait une plus grande quantité de charbon pour devenir irrespirable; la vapeur l'avait seulement étourdie. L'air frais venu de l'escalier la rendit par degrés au sentiment de ses maux. Le prêtre demeura debout, perdu dans une sombre méditation, sans être touché de la divine beauté de cette fille, examinant ses premiers mouvemens comme si c'eût été quelque animal. Ses yeux allaient de ce corps affaissé à des objets indifférens avec une apparente indifférence. Il regarda le bizarre mobilier de cette chambre, dont le carreau rouge, frotté, froid, était mal caché par un méchant tapis qui montrait la corde. Une couchette en bois peint, d'un vieux modèle, enveloppée de rideaux en calicot jaune à rosaces rouges; un seul fauteuil et deux chaises également en bois peint et couvertes du même calicot qui avait aussi fourni les draperies de la fenêtre; un papier à fond gris moucheté de fleurs, mais noirci par le temps et gras; une table à ouvrage en acajou, la cheminée encombrée d'ustensiles de cuisine de la plus vile espèce, deux falourdes entamées, un chambranle en pierre sur lequel étaient çà et là quelques verroteries mêlées à des bijoux, à des ciseaux; une pelote salie, des gants blancs et parfumés, un délicieux chapeau jeté sur le pot à l'eau, un châle de Ternaux qui bouchait la fenêtre, une robe élégante pendue à un clou, un petit canapé sec, sans coussins; d'ignobles socques cassés et des souliers mignons, des brodequins à faire envie à une reine, des assiettes de porcelaine commune ébréchées où se voyaient les restes du dernier repas, et encombrées de couverts en maillechort, l'argenterie du pauvre à Paris; un corbillon plein de pommes-de-terre et de linge à blanchir, un frais bonnet de gaze là-dessus; une mauvaise armoire à glace ouverte et déserte sur les tablettes de laquelle se voyaient des reconnaissances du Mont-de-Piété : tel était l'ensemble de choses lugubres et joyeuses, misérables et riches, qui frappait le regard. Ces vestiges de luxe dans ces tessons, ce ménage si bien approprié à la vie bohémienne de cette fille abattue dans ses linges défaits comme un cheval mort dans son harnais, sous son brancard cassé, empêtré dans ses guides, ce spectacle étrange faisait-il penser le prêtre? Se disait-il qu'au moins cette créature égarée, devait être désintéressée pour accoupler une telle pauvreté avec l'amour d'un jeune homme riche? Attribuait-il le désordre du mobilier au désordre de la vie? Éprouvait-il de la pitié, de l'effroi? Sa charité s'émouvait-elle? Qui l'eût vu les bras croisés, le front soucieux, les lèvres crispées, l'œil âpre, l'aurait cru préoccupé de sentimens sombres, haineux, de réflexions qui se contrariaient, de projets sinistres. Il était certes insensible aux jolies rondeurs d'un sein presque écrasé sous le poids du buste fléchi, et aux formes délicieuses de la Vénus accroupie qui paraissaient sous le noir de la jupe, tant la mourante était rigoureusement ramassée sous elle-même. L'abandon de cette tête, qui vue par derrière offrait au regard la nuque blanche, molle et flexible, les belles épaules d'une nature hardiment développée, ne l'émouvait point, il ne relevait pas Esther, il ne semblait pas entendre les aspirations déchirantes par lesquelles se trahissait son retour à la vie. Il fallut un sanglot horrible et le regard effrayant que lui lança cette fille pour qu'il daignât la relever et la porter sur le lit avec une facilité qui révélait une force prodigieuse.

— Lucien ! dit-elle en murmurant.

— L'amour revient, la femme n'est pas loin, dit le prêtre avec une sorte d'amertume.

La victime des dépravations parisiennes aperçut alors le costume de son libérateur, et dit, avec le sourire de l'enfant quand il met la main sur une chose enviée : — Je ne mourrai donc pas sans m'être réconciliée avec le ciel.

— Vous pourrez expier vos fautes, dit le prêtre en lui mouillant le front avec de l'eau, et lui faisant respirer une burette de vinaigre qu'il trouva dans un coin.

— Je sens que la vie, au lieu de m'abandonner, afflue en moi, dit-elle après avoir reçu les soins du prêtre et en lui exprimant sa gratitude par des gestes pleins de naturel, attrayante pantomime que les Grâces auraient déployée pour séduire, et qui justifiait déjà le surnom de cette étrange fille.

— Vous sentez-vous mieux? demanda l'ecclésiastique en lui donnant un verre d'eau sucrée à boire.

Cet homme semblait au fait de ces singuliers ménages : il y connaissait tout, il était là comme chez lui, privilége qui n'appartient qu'aux rois, aux filles et aux voleurs.

— Quand vous serez tout-à-fait bien, reprit-il, vous me direz les raisons qui vous ont portée à commettre votre dernier crime, ce suicide commencé.

— Mon histoire est bien simple, mon père, répondit-elle. Il y a trois mois, je vivais dans le désordre où je suis née. J'étais la dernière des créatures et la plus infâme, maintenant je suis seulement la plus malheureuse de toutes. Permettez-moi de ne rien vous raconter de ma pauvre mère, morte assassinée...

— Par un officier, dans une maison suspecte, dit le prêtre en l'interrompant. Je connais votre origine, et sais que si une personne de votre sexe peut jamais être excusée de mener une vie honteuse, c'est vous à qui les bons exemples ont manqué...

— Hélas ! je n'ai pas été baptisée, et n'ai reçu les enseignemens d'aucune religion.

— Tout est donc encore réparable, reprit le prêtre, pourvu que votre foi, votre repentir, soient sincères et sans arrière-pensée.

— Lucien et Dieu remplissent mon cœur, dit-elle avec une touchante ingénuité.

— Vous auriez pu dire Dieu et Lucien, répliqua le prêtre en souriant. Vous me rappelez l'objet de ma visite : n'omettez rien de ce qui concerne ce jeune homme.

— Vous venez pour lui, demanda-t-elle avec une expression amoureuse qui eût attendri tout autre prêtre. Oh ! il s'est douté du coup.

— Non, répondit-il, ce n'est pas de votre

mort, mais de votre vie que l'on s'inquiète. Allons, expliquez-moi vos relations.

— En un mot, dit-elle en tremblant au ton brusque de l'ecclésiastique, mais en femme que la brutalité ne surprenait plus, Lucien est Lucien, le plus beau jeune homme et le meilleur des êtres vivants; mais si vous le connaissez, mon amour doit vous sembler bien naturel. Je l'ai rencontré par hasard, il y a trois mois, à l'Ambigu-Comique, où j'étais allée un jour de sortie, car nous avions un jour par semaine. Le lendemain vous comprenez bien que je me suis affranchie sans permission. L'amour était entré dans mon cœur et m'avait si bien changée, qu'en revenant du théâtre je ne me reconnaissais plus moi-même; je me faisais horreur. Jamais Lucien n'a pu rien savoir. Au lieu de lui dire où j'étais, je lui ai donné l'adresse de ce logement où demeurait alors une de mes amies, qui a eu la complaisance de me le céder. Je vous jure ma parole sacrée...

— Il ne faut point jurer.

— Est-ce donc jurer que de donner sa parole sacrée? Eh bien, depuis ce jour j'ai travaillé dans cette chambre, comme une perdue, à faire des chemises à vingt-huit sous de façon, afin de vivre d'un travail honnête. Pendant un mois, je n'ai mangé que des pommes de terre pour rester sage et digne de Lucien, qui m'aime et me respecte comme la plus vertueuse des vertueuses. J'ai fait ma déclaration en forme à la police, pour reprendre mes droits, et je suis soumise à deux ans de surveillance. Eux qui sont si faciles pour vous inscrire sur les registres d'infamie, deviennent d'une excessive difficulté pour vous en rayer. Tout ce que je demandais au ciel était de protéger ma résolution. J'aurai dix-huit ans au mois d'avril, à cet âge, il y a de la ressource. Il me semble, à moi, que je ne suis née qu'il y a trois mois... Je priais le bon Dieu tous les matins, et lui demandais de permettre que jamais Lucien ne connût ma vie. J'ai acheté cette Vierge que vous voyez, je la priais à ma manière, vu que je ne sais point de prières; je ne sais ni lire, ni écrire; je ne suis jamais entrée dans une église, je n'ai jamais vu le bon Dieu qu'aux processions....

— Que dites-vous donc à la Vierge ?

— Je lui parle comme je parle à Lucien, avec ces élans d'ame qui le font pleurer...

— Ah! il pleure....

— De joie, dit-elle vivement. Pauvre chat, nous nous entendons si bien que nous avons une même ame! Il est si gentil, si caressant, si doux de cœur, d'esprit, de manières. Il dit qu'il est poète, moi je dis qu'il est dieu... Pardon! mais vous autres prêtres vous ne savez pas ce que c'est que l'amour, et il n'y a d'ailleurs que nous qui connaissons assez les hommes pour apprécier un Lucien : c'est aussi rare qu'une femme sans péché. Quand on le rencontre, on ne peut plus aimer que lui : voilà. Mais à un pareil être il faut sa pareille. Je voulais donc être digne d'être aimée par lui. De là est venu mon malheur. Hier, à l'Opéra, j'ai été reconnue par des jeunes gens qui n'ont pas plus de cœur qu'il n'y a de pitié chez les tigres: encore m'entendrais-je avec un tigre! Le voile d'innocence que j'avais est tombé, leurs rires m'ont fendu la tête et le cœur! Ne croyez pas m'avoir sauvée, je mourrai de chagrin.

— Votre voile d'innocence, dit le prêtre, vous avez donc traité Lucien avec la dernière rigueur ?

— Oh! mon père, comment vous qui le connaissez, me faites-vous une semblable question, répondit-elle en lui jetant un sourire superbe. On ne résiste pas à un Dieu.

— Ne blasphémez pas, dit l'ecclésiastique d'une voix douce, personne ne peut ressembler à Dieu, l'exagération va mal au véritable amour, vous n'aviez pas pour votre idole un amour pur et vrai. Si vous aviez éprouvé le changement que vous vous vantez d'avoir subi, vous eussiez acquis les vertus qui sont l'apanage de l'adolescence, vous auriez connu les délices de la chasteté, les délicatesses de la pudeur, ces deux gloires de la jeune fille. Vous n'aimez pas.

Esther fit un geste d'effroi que vit le prêtre, et qui n'ébranla point son impassibilité de confesseur.

— Oui, vous l'aimez pour vous et non pour lui, pour les plaisirs temporels qui vous charment, et non pour l'amour en lui-même. Si vous vous en êtes emparée ainsi, vous n'aviez pas ce tremblement sacré qu'inspire un être sur qui Dieu a mis le cachet des plus adorables perfections. Avez-vous songé que vous le dégradiez par votre impureté passée, que vous alliez corrompre un enfant par ces épouvantables délices qui vous ont mérité votre surnom glorieux d'infamie. Vous avez été inconséquente avec vous-même et avec votre passion d'un jour....

—D'un jour, répéta-t-elle en levant les yeux.

— De quel nom appeler un amour qui n'est pas éternel, qui ne nous unit pas, jusque dans l'avenir du chrétien, avec celui que nous aimons?

— Ah! je veux être catholique, cria-t-elle d'un ton sourd et violent.

— Est-ce une fille qui n'a reçu ni le baptême de l'église, ni celui de la science, qui ne sait ni lire, ni écrire, ni prier, qui ne peut faire un pas sans que les pavés ne se lèvent pour l'accuser, remarquable seulement par le fugitif privilége d'une beauté que la maladie enlèvera demain peut-être; est-ce cette créature avilie, dégradée, et qui connaissait sa dégradation : ignorante et moins aimante, vous eussiez été plus excusable; est-ce la proie future du suicide et de l'enfer, qui pouvait être la femme de Lucien de Rubempré?

Chaque phrase était un coup de poignard qui entrait à fond de cœur. A chaque phrase, les sanglots croissans, les larmes abondantes de la fille au désespoir, attestaient la force avec laquelle la lumière entrait à la fois dans son intelligence pure comme celle d'un sauvage ; dans son ame enfin réveillée, dans sa nature sur laquelle la dépravation avait mis une couche de glace boueuse qui fondait alors au soleil de la foi.

— Pourquoi ne suis-je pas morte ? était la seule idée qu'elle exprimait au milieu des torrens d'idées qui ruisselaient dans sa cervelle en la ravageant.

— Ma fille, dit le terrible juge, il est un amour qui ne s'avoue point devant les hommes, et dont les anges écoutent les confidences en souriant de plaisir.

— Lequel ?

— L'amour sans espoir quand il inspire la vie, quand il y met le principe des dévoûmens, quand il ennoblit tous les actes par la pensée d'arriver à une perfection idéale. Oui, les anges approuvent cet amour, il méne à la connaissance de Dieu. Se perfectionner sans cesse pour se rendre digne de celui qu'on aime, lui faire mille sacrifices secrets, l'adorer de loin, donner son sang goutte à goutte, lui immoler son amour-propre, ne plus avoir ni orgueil, ni colère avec lui, lui dérober jusqu'à la connaissance des jalousies atroces qu'il échauffe au cœur, lui donner tout ce qu'il souhaite, fût-ce à notre détriment, aimer ce qu'il aime, avoir toujours le visage tourné vers lui pour le suivre sans qu'il le sache; cet amour, la religion vous l'eût pardonné, il n'offensait ni les lois humaines, ni les lois divines, et conduisait dans une autre voie que celle de vos sales voluptés....

En entendant cet horrible arrêt exprimé par un mot, et quel mot, et de quel accent fut-il accompagné! Esther fut en proie à une défiance assez légitime. Ce mot fut comme un coup de tonnerre qui trahit un orage près de foudre. Elle regarda ce prêtre, et il lui prit le saisissement

d'entrailles qui tord le plus courageux en face
d'un danger imminent et soudain. Aucun regard
n'aurait pu lire ce qui se passait alors en cet
homme ; mais pour les plus hardis il y aurait eu
plus à frémir qu'à espérer, à l'aspect de ses yeux
jadis clairs et jaunes comme ceux des tigres, et
sur lesquels les austérités et les privations
avaient mis un voile semblable à celui qui se
trouve sur les horizons au milieu de la canicule :
la terre est chaude et lumineuse, on le voit,
mais le brouillard la rend indistincte, vaporeuse,
elle est presque invisible. Une gravité toute espagnole, des plis profonds que les mille cica-
trices d'une horrible petite vérole rendaient hideux, et semblables à des ornières déchirées, sil-
lonnaient sa figure olivâtre et cuite par le soleil.
La dureté de cette physionomie ressortait d'autant mieux, qu'elle était encadrée par la sèche
perruque du prêtre qui ne se soucie plus de sa
personne, une perruque pelée, d'un noir-rouge
à la lumière. Son buste d'athlète, ses mains de

vieux soldat, sa carrure, ses fortes épaules appartenaient à ces cariatides que les architectes du moyen-âge ont employées dans quelques palais italiens, et que rappellent imparfaitement celles du théâtre de la Porte-Saint-Martin. Les personnes les moins clairvoyantes eussent pensé que les passions les plus chaudes, ou des accidens peu communs, avaient jeté cet homme dans le sein de l'Église : certes, les plus étonnans coups de foudre avaient pu seuls le changer.

Les femmes qui ont mené la vie alors si violemment répudiée par Esther, arrivent à une indifférence absolue sur les formes extérieures de l'homme. Elles ressemblent au critique littéraire d'aujourd'hui, qui sous quelques rapports peut leur être comparé et qui arrive à une profonde insouciance des formules d'art : il a tant lu d'ouvrages, il en voit tant passer, il s'est tant accoutumé aux pages écrites, il a subi tant de dénouemens, il a vu tant de drames, il a tant fait d'articles sans dire ce qu'il pensait, en trahissant si souvent la cause de l'art en faveur de ses amitiés et de ses inimitiés, qu'il arrive au dégoût de toute chose et continue néanmoins à juger. Il faut un miracle pour qu'il produise une œuvre, de même que l'amour pure et noble exige un autre miracle pour éclore dans le cœur d'une courtisane. Le ton et les manières de ce prêtre, qui semblait échappé d'une toile de Zurbaran, parurent si hostiles à cette pauvre fille à qui la forme importait peu, qu'elle se crut moins l'objet d'une sollicitude, que le sujet nécessaire d'un plan. Sans pouvoir distinguer entre le patelinage de l'intérêt personnel et l'onction de la charité, car il faut bien être sur ses gardes pour reconnaître la fausse monnaie que donne un ami, elle se sentit comme entre les griffes d'un oiseau monstrueux et féroce qui tombait sur elle après avoir plané long-temps, et, dans son effroi, elle dit ces paroles d'une voix alarmée : — Je croyais les prêtres chargés de nous consoler, et vous m'assassinez !

A ce cri de l'innocence, l'ecclésiastique laissa échapper un geste, et fit une pause. Il se recueillit avant de répondre. Pendant cet instant, ces deux personnages, si singulièrement réunis, s'examinèrent à la dérobée. Le prêtre comprit la fille, sans que la fille pût comprendre le prêtre; il renonça sans doute à quelque dessein qui menaçait la pauvre Esther, et revint à ses idées premières.

— Nous sommes les médecins des ames, dit-il d'une voix douce, et nous savons quels remèdes conviennent.

— Il faut pardonner beaucoup à la misère, dit Esther qui, croyant s'être trompée, se coula à bas de son lit, se prosterna aux pieds de cet homme, baisa sa soutane avec une profonde humilité, et releva vers lui ses yeux baignés de larmes, en ajoutant : — Je croyais avoir beaucoup fait.....

— Écoutez, mon enfant, votre fatale réputation a plongé dans le deuil la famille de Lucien; on craint, et avec quelque justesse, que vous ne l'entraîniez dans la dissipation, dans un monde de folies.....

— C'est vrai, c'est moi qui l'ai amené au bal, pour l'intriguer.

— Vous êtes assez belle pour qu'il veuille triompher en vous aux yeux du monde, vous montrer avec orgueil et faire de vous comme un cheval de parade. S'il ne dépensait que son argent !... mais il dépensera son temps, sa force, il perdra le goût des belles destinées qu'on veut lui faire : au lieu d'être un jour ambassadeur, riche, admiré, glorieux, il aura été comme tant de gens débauchés qui ont noyé leurs talents dans la boue de Paris, l'amant d'une femme impure. Quant à vous, vous auriez repris plus tard votre première vie, après être un moment montée dans une sphère élégante : vous n'avez point en vous cette force que donne une bonne éducation, pour résister au vice et penser à l'avenir. Vous n'auriez pas mieux rompu avec vos compagnes que vous n'avez rompu avec les gens qui vous ont fait honte à l'Opéra, ce matin. Les vrais amis de Lucien, alarmés de l'amour que vous lui inspirez, ont suivi ses pas, ont tout appris; pleins d'épouvante, ils m'ont envoyé vers vous, pour sonder vos dispositions et décider de votre sort; mais s'ils sont assez puissants pour débarrasser la voie de ce jeune homme d'une pierre d'achoppement, ils sont miséricordieux. Sachez-le, ma fille : une personne aimée de Lucien a des droits à leur respect, comme un vrai chrétien adore la fange où, par hasard, rayonne la lumière divine. Je suis venu pour être l'organe de la pensée bienfaisante ; mais si je vous eusse trouvée entièrement perverse, et armée d'effronterie, d'astuce, corrompue jusqu'à la moëlle, sourde à la voix du repentir, je vous eusse abandonnée à leur colère. Cette libération civile et politique, si difficile à obtenir, que la police a raison de tant retarder dans l'intérêt de la société même, et que je vous ai entendue souhaiter avec l'ardeur des vrais repentirs, la voici, dit le prêtre, en tirant de sa ceinture un papier de forme administrative. On vous a vue hier, cette lettre d'avis est datée d'aujourd'hui, vous voyez combien sont puissans les gens que Lucien intéresse.

A la vue de ce papier, les tremblemens convulsifs que cause un bonheur inespéré agitèrent si ingénuement Esther, qu'elle eut sur les lèvres un sourire fixe qui ressemblait à celui des insensées. Le prêtre s'arrêta, la regarda pour voir si privée de l'horrible force que les gens corrompus tirent de leur corruption même, et revenue à sa frêle et délicate nature primitive, elle résisterait à tant d'impressions. Courtisane trompeuse, Esther eût joué la comédie, mais redevenue innocente et vraie, elle pouvait mourir, comme un aveugle opéré peut reperdre la vue en se trouvant frappé par un jour trop vif. Cet homme voyait en ce moment la nature humaine à fond, et il restait dans un calme terrible par sa fixité : c'était une Alpe froide, blanche et voisine du ciel, inaltérable et sourcilleuse, aux flancs de granit, et cependant bienfaisante.

Les filles sont des êtres essentiellement mobiles qui passent sans raison de la défiance la plus hébétée à une confiance absolue; elles sont, sous ce rapport, au-dessous de l'animal; elles sont extrêmes en tout, dans leurs joies, dans leurs désespoirs, dans leur religion, dans leur irréligion ; aussi deviendraient-elles presque toutes folles, si la mortalité qui leur est particulière ne les décimait, et s'il n'y avait aussi d'heureux hasards pour quelques-unes d'entre elles. Pour pénétrer jusqu'au fond des misères de cette horrible vie, il faudrait avoir vu jusqu'où la créature peut aller dans la folie, sans y rester, en voyant dans quelle violente extase était la Torpille aux genoux de ce prêtre. Elle regardait le papier libérateur avec une expression que Dante a oubliée, et qui surpassait les inventions de son enfer. Mais la réaction vint avec les larmes. La Torpille se releva, jeta ses bras autour du cou de cet homme, pencha la tête sur son sein, y versa des pleurs, baisa la rude étoffe qui couvrait son cœur, et sembla vouloir y pénétrer. Elle saisit cet homme, lui couvrit les mains de baisers, employa, mais dans une sainte effusion de reconnaissance, les chatteries de ses caresses, lui prodigua les noms les plus doux, lui dit, au travers de ses phrases sucrées, mille et mille fois : *donnez-le moi?* avec autant d'intonations différentes. Elle l'enveloppa de ses tendresses, le couvrit de ses regards avec une rapidité qui le saisit sans défense, elle finit par engourdir sa colère ! Le prêtre connut comment elle avait mérité son surnom, il comprit combien il était difficile de résister à cette charmante créature, il devina tout-à-coup l'amour de Lucien et ce qui avait séduit un poète.

Une passion semblable cache, entre mille attraits, un hameçon lancéolé pour les ames élevées des artistes. Ces passions, inexplicables pour la foule, sont parfaitement expliquées par cette soif du beau idéal qui distingue les êtres créateurs. N'est-ce pas ressembler un peu aux anges chargés de ramener les coupables à des sentiments meilleurs? n'est-ce pas créer, que de purifier un pareil être? Quel allèchement que de mettre d'accord la beauté morale et la beauté physique! Quelle jouissance d'orgueil si l'on réussit! Quelle belle tâche que celle qui n'a d'autre instrument que l'amour! Ces alliances illustrées d'ailleurs par l'exemple d'Aristote, de Socrate, de Platon, d'Alcibiade, de Céthégus, de Pompée, et si monstrueuses aux yeux du vulgaire, sont fondées sur le sentiment qui a porté Louis XIV à bâtir Versailles, qui jette les hommes dans toutes les entreprises fameuses : convertir les miasmes d'un marais en un monceau de parfums entouré d'eaux vives; mettre un lac sur une colline, comme le prince de Conti à Nointel ; ou les vues de la Suisse à Cassan, comme le fermier-général Bergeret. Enfin c'est l'art qui fait irruption dans la morale.

Le prêtre, honteux d'avoir cédé à cette tendresse, repoussa vivement Esther, qui s'assit honteuse aussi, car il lui dit : — Vous êtes toujours courtisane ! Et il remit froidement la lettre dans sa ceinture.

Esther ne cessa de regarder l'endroit de la ceinture où était le papier, comme un enfant qui n'a qu'un désir en tête.

— Mon enfant, votre mère était juive, et vous n'avez pas été baptisée, mais vous n'avez pas non plus été menée à la synagogue, vous êtes dans les limbes religieuses où sont les petits enfans....

— Les petits enfans ! répéta-t-elle d'une voix attendrie.

— Comme vous êtes dans les cartons de la police un chiffre en dehors des êtres sociaux, dit en continuant le prêtre impassible. Si l'amour, vu par une échappée, vous a fait croire il y a trois mois que vous naissiez, vous devez sentir que depuis ce jour vous êtes vraiment en enfance ; il faut donc vous conduire comme si vous étiez un enfant; vous devez changer entièrement, et je me charge de vous rendre méconnaissable : vous oublierez Lucien.

La pauvre fille eut le cœur brisé par cette parole; elle leva les yeux sur le prêtre et fit un signe négatif, elle fut incapable de parler, en retrouvant encore le bourreau dans son sauveur.

— Vous renoncerez à le voir, du moins, reprit-il. Je vous conduirai dans une maison religieuse où les jeunes filles des meilleures familles reçoivent leur éducation; vous y deviendrez catholique, vous y serez instruite dans la pratique des exercices chrétiens, vous y apprendrez la religion; vous pourrez en sortir une jeune fille

accomplie, chaste, pure, bien élevée, si.........
Cet homme leva le doigt et fit une pause. Si, reprit-il, vous vous sentez la force de laisser ici la Torpille.

— Ah! cria la pauvre enfant pour qui chaque parole avait été comme la note d'une musique au son de laquelle les portes du paradis se fussent lentement ouvertes. Ah! s'il était possible de verser ici tout mon sang et d'en prendre un nouveau!...

— Écoutez-moi.

Elle se tut.

— Votre avenir dépend de la puissance de votre oubli. Songez à l'étendue de vos obligations : une parole, un geste, qui décélerait la Torpille tue la femme de Lucien; un mot dit en rêve, une pensée involontaire, un regard immodeste, un mouvement d'impatience, un souvenir de déréglement, une omission, un signe de tête qui révélerait ce que vous savez ou ce qui a été su pour votre malheur.....

— Allez! allez, mon père, dit la fille avec une exaltation de sainte, marcher avec des souliers de fer rouge et sourire, vivre vêtue d'un corset armé de pointes, et conserver la grâce d'une danseuse, manger du pain saupoudré de cendre, boire de l'absynthe, tout sera doux, facile !

Elle retomba sur ses genoux, elle baisa les souliers du prêtre, elle y fondit en larmes et les mouilla, elle étreignit ses jambes et s'y colla, murmurant des mots insensés au travers des pleurs que lui causait la joie ; ses beaux et admirables cheveux blonds ruisselèrent et firent comme un tapis sous les pieds de ce messager céleste, qu'elle trouva sombre et dur quand en se relevant elle le regarda.

— En quoi vous ai-je offensé ? dit-elle toute effrayée. J'ai entendu parler d'une femme comme moi qui avait lavé de parfums les pieds de Jésus-Christ. Hélas, la vertu m'a faite si pauvre que je n'ai plus que mes larmes à vous offrir.

— Ne m'avez-vous pas entendu, répondit-il d'une voix cruelle, je vous dis qu'il faut pouvoir sortir de la maison où je vous conduirai, si bien changée au physique et au moral, que nul de ceux ou de celles qui vous ont connue ne puisse vous crier : Esther! et vous faire retourner la tête. Hier l'amour ne vous avait pas donné la force de si bien enterrer la fille de joie qu'elle ne reparût jamais, elle reparaît encore dans une adoration qui ne va qu'à Dieu.

— Ne vous a-t-il pas envoyé vers moi? dit-elle.

— Si, durant votre éducation, vous étiez aperçue de Lucien, tout serait perdu, reprit-il, songez-y bien.

— Qui le consolera? dit-elle.

— De quoi le consoliez-vous, demanda le prêtre d'une voix où, pour la première fois de cette scène, il y eut un tremblement nerveux.

— Je ne sais pas, il est souvent venu triste.

— Triste, reprit le prêtre, il vous a dit pourquoi?

— Jamais, répondit-elle.

— Il était triste d'aimer une fille comme vous, s'écria-t-il.

— Hélas, il devait l'être, reprit-elle avec une humilité profonde, je suis la créature la plus méprisable de mon sexe, et ne pouvais trouver grâce à ses yeux que par la force de mon amour.

— Cet amour doit vous donner le courage de m'obéir aveuglément. Si je vous conduisais immédiatement dans la maison où se fera votre éducation, ici tout le monde dirait à Lucien que vous vous êtes en allée aujourd'hui dimanche avec un prêtre, il pourrait être sur votre voie. Dans huit jours, la portière ne me voyant pas revenir m'aura pris pour ce que je ne suis pas. Donc, un soir, comme d'aujourd'hui en huit, à sept heures, vous sortirez furtivement et vous monterez dans un fiacre qui vous at-

tendra en haut de la rue des Moulins. Pendant
ces huit jours évitez Lucien, trouvez des prétextes, faites-lui défendre la porte, et quand il
viendra, montez chez une amie. Je saurai si vous
l'avez revu, et dans ce cas, tout est fini, je ne
reviendrai même pas. Ces huit jours vous sont
nécessaires pour vous faire un trousseau décent, et pour quitter votre mine de prostituée,
dit-il en déposant une bourse sur la cheminée.
Il y a dans votre air, dans vos vêtemens, ce
je ne sais quoi si bien connu des Parisiens
qui dit ce que vous êtes. N'avez-vous jamais
rencontré par les rues, sur les boulevards, une
modeste et vertueuse jeune personne marchant
en compagnie de sa mère?....

—Oh! oui, pour mon malheur. La vue d'une
mère et de sa fille est un de nos plus grands
supplices, elle réveille des remords cachés dans
les replis de nos cœurs et qui nous dévorent?...
Je ne sais que trop ce qui me manque.

— Et bien, vous savez comment vous devez

être dimanche prochain, dit le prêtre en se levant.

—Oh! dit-elle, apprenez-moi une vraie prière avant de partir, afin que je puisse prier Dieu.

Ce fut une chose touchante que de voir ce prêtre faire répéter à cette fille, l'*Ave Maria* et le *Pater noster*, en français.

— C'est bien beau, dit Esther quand elle eut une fois répété sans faute ces deux magnifiques et populaires expressions de la foi catholique.

— Comment vous nommez-vous, demanda-t-elle au prêtre quand il lui dit adieu.

—Carlos Herrera, je suis Espagnol et banni de mon pays.

Esther lui prit la main et la baisa. Ce n'était plus une courtisane, mais une ange qui se relevait d'une chute.

## LA PENSIONNAIRE.

Dans une maison célèbre par l'éducation aristocratique et religieuse qui s'y donne, au commencement du mois de mars de cette année, un lundi matin, les pensionnaires aperçurent leur jolie troupe augmentée d'une nouvelle venue dont la beauté triompha sans contestation, non-seulement de ses compagnes, mais des beautés particulières qui se trouvaient parfaites chez chacune d'elles. En France, il est extrêmement rare, pour ne pas dire impossible, de rencontrer les trente fameuses perfections décrites en vers persans, sculptés, dit-on, dans le sérail, et qui sont nécessaires à une femme pour être entièrement belle. En France, s'il y a peu d'ensemble, il y a de ravissans détails. Quant à l'ensemble imposant que la statuaire cherche à rendre, et qu'elle a rendu dans quelques compositions rares, comme la Diane et la Callipyge, il est le privilége de la Grèce et de l'Asie-Mineure. Esther venait de ce berceau du genre humain, la patrie de la beauté : sa mère était juive. Les juifs, quoique si souvent dégradés par leur contact avec les autres peuples, offrent des filons où s'est conservé le type sublime des beautés asiatiques. Quand ils ne sont pas d'une laideur repoussante, ils présentent le magnifique caractère des figures arméniennes. Esther eût remporté le prix au sérail, elle possédait les trente beautés harmonieusement fondues. Loin de porter atteinte au fini des formes, à la fraîcheur de l'enveloppe, son étrange vie lui avait communiqué le je ne sais quoi de la femme : ce n'est plus le tissu lisse et serré des fruits verts, et ce n'est pas encore le ton chaud de leur maturité, il y a de la fleur encore. Quelques jours de plus passés dans la dissolution, elle serait arrivée à l'embonpoint. Cette richesse de santé, cette perfection de l'animal chez une créature à qui la volupté tenait lieu de la pensée doit être un fait éminent aux yeux des physiologistes. Par une circonstance rare, pour ne pas dire impossible chez les très-jeunes filles, ses mains, d'une incomparable noblesse, étaient molles, transparentes et blanches, comme les mains d'une femme en couches de son second enfant. Elle avait exactement le pied et les cheveux si justement célèbres de la duchesse de Berri, des cheveux qu'aucune main de coiffeur ne pouvait tenir tant ils étaient abondants, et si longs, qu'en tombant à terre ils y formaient des anneaux, car Esther possédait cette moyenne taille qui permet de faire d'une femme une sorte de joujou, de la prendre, quitter, reprendre et porter sans fatigue. Sa peau fine comme du papier de Chine, et d'une chaude couleur d'ambre nuancée par des veines rouges, était luisante sans sécheresse, douce sans moiteur. Nerveuse à l'excès, mais délicate en apparence, Esther attirait soudain l'attention par un trait remarquable dans les figures que le dessin de Raphaël a le plus artistement coupées, car Raphaël est le peintre qui a le mieux rendu, le plus étudié la beauté juive. Ce trait merveilleux était produit par la profondeur de l'arcade sous laquelle l'œil roulait comme dégagé de son cadre, et dont la courbe ressemblait par sa netteté à l'arête d'une voûte. Quand la jeunesse revêt de ses teintes pures et diaphanes ce bel arc surmonté de sourcils à racines perdues, quand la lumière, en se glissant dans le sillon circulaire de dessous, y reste d'un rose clair, il y a là des trésors de tendresse à contenter un amant, des beautés à désespérer la peinture. C'est le dernier terme de la nature que ces plis lumineux où l'ombre a des teintes dorées, que ce tissu qui a la consistance d'un nerf et la flexibilité de la plus délicate membrane. L'œil au repos est là-dedans comme un œuf miraculeux dans un nid de brins de soie. Mais plus tard cette merveille devient d'une horrible mélancolie quand les passions ont charbonné ces contours si déliés, quand les douleurs ont ridé ce réseau de fibrilles. L'origine d'Esther se trahissait dans cette coupe orientale de ses yeux à paupières turques et dont la couleur était un gris d'ardoise qui prenait aux lumières la teinte bleue des ailes noires du corbeau. L'excessive tendresse de son regard pouvait seule en adoucir l'éclat. Il n'y a que les races venues des déserts qui possèdent dans l'œil le pouvoir de la fascination sur tous, car une femme fascine toujours quelqu'un. Leurs yeux retiennent sans doute quelque chose de l'infini qu'ils ont contemplé. La nature, dans sa prévoyance, a-t-elle donc armé leurs rétines de quelque tapis réflecteur pour leur permettre de soutenir le mirage des sables, les torrens du soleil et l'ardent cobalt de l'éther? Ou les êtres humains prennent-ils comme les autres quelque chose aux milieux dans lesquels ils se développent et gardent-ils pendant des siècles les qualités qu'ils en tirent? Cette grande solution du problème des races est peut-être dans la question elle-même. Les instincts sont des faits vivans dont la cause gît dans une nécessité subie : les variétés animales sont le résultat de l'exercice de ces instincts. Pour se convaincre de cette vérité si fort cherchée, il suffit d'étendre aux troupeaux d'hommes l'observation récemment faite sur les troupeaux de moutons espagnols et anglais qui, dans les prairies de plaine où l'herbe abonde, paissent serrés les uns contre les autres, et se dispersent sur les montagnes où l'herbe est rare. Arrachez à leur pays ces deux espèces de moutons, transportez-les en Suisse et en France : le mouton de montagne y paîtra séparé quoique dans une prairie basse et touffue, le mouton de plaine y paîtra l'un contre l'autre, quoique sur une Alpe. Plusieurs générations réforment à peine les instincts acquis et transmis. A cent ans de distance, l'esprit de la montagne reparaît dans un agneau réfractaire, comme après dix-huit cents ans de bannissement l'Orient brillait dans les yeux et dans la figure d'Esther. Ce regard n'exerçait point de fascination terrible, il jetait une douce chaleur, il attendrissait sans étonner, et les plus dures volontés se fondaient sous sa flamme. Esther avait vaincu la haine, elle avait étonné les dépravés de Paris, enfin ce regard et la douceur de sa peau suave lui avaient mérité le surnom terrible qui venait de lui faire prendre sa mesure dans la tombe. Tout était en harmonie avec ces caractères de la péri des sables ardens. Elle avait le front ferme et d'un dessin fier. Son nez, comme celui des Arabes, était fin, mince, à narines ovales, bien placées, retroussées sur les bords. Sa bouche rouge et fraîche était une rose qu'aucune flétrissure ne déparait, les orgies n'y avaient point laissé de traces. Le menton, modelé comme si quelque sculpteur amoureux en eût poli le contour, avait la blancheur du lait. Une seule chose à laquelle elle n'avait pu remédier trahissait la courtisane tombée trop bas : ses ongles déchirés qui voulaient du temps pour reprendre une forme élégante, tant ils avaient été déformés par les soins les plus vulgaires du ménage.

Les jeunes pensionnaires commencèrent par jalouser ces miracles de beauté, mais elles finirent par les admirer. La première semaine ne se passa point sans qu'elles se fussent attachées à la naïve Esther, car elles s'intéressèrent aux secrets malheurs d'une fille de dix-huit ans qui ne savait ni lire, ni écrire, à qui toute science, toute instruction était nouvelle et qui allait procurer à l'archevêque la gloire de la conversion d'une juive au catholicisme, au couvent la fête de son baptême; elles lui pardonnèrent sa beauté en se trouvant supérieures à elle par l'éducation. Esther eut bientôt pris les manières, la douceur de voix, le port et les attitudes de ces filles si distinguées. Elle retrouva sa nature première. Le changement devint si complet qu'à sa première visite, Herrera fut surpris, lui que rien au monde ne paraissait devoir surprendre. Les supérieures le complimentèrent sur sa pupille. Elles n'avaient jamais, dans leur carrière d'enseignement, rencontré naturel plus aimable, douceur plus chrétienne, modestie plus vraie, ni si grand désir d'apprendre. Lorsqu'une fille a souffert les maux qui avaient accablé la pauvre pensionnaire et qu'elle attend une récompense comme celle que l'Espagnol offrait à Esther, il est difficile qu'elle ne réalise pas ces miracles des premiers jours de l'église, que les jésuites renouvelèrent au Paraguay.

— Elle est édifiante, dit la supérieure en la baisant au front. Mot essentiellement catholique qui dit tout.

Pendant les récréations, Esther questionnait avec mesure ses compagnes sur les choses du monde les plus simples, et qui pour elle étaient comme les premiers étonnemens de la vie pour un enfant. Quand elle sut qu'elle serait habillée tout en blanc le jour de son baptême et de sa première communion, qu'elle aurait un bandeau de satin blanc, des rubans blancs, des souliers blancs, des gants blancs, qu'elle serait coiffée de nœuds blancs, elle fondit en larmes au milieu de ses compagnes étonnées. C'était le contraire de la scène de Jephté sur la montagne. La courtisane eut peur d'être comprise, elle rejeta cette horrible mélancolie sur la joie que ce spectacle lui causait par avance. Comme il y a certes aussi loin des mœurs qu'elle quittait aux mœurs qu'elle prenait qu'il y a de distance entre l'état sauvage et la civilisation, elle avait la grâce et la naïveté, la profondeur qui distinguent la merveilleuse héroïne des Puritains d'Amérique. Elle avait aussi, sans le savoir elle-même, un amour au cœur qui la rongeait, un amour étrange, un désir plus violent chez elle qui savait tout, qu'il ne l'est chez une vierge qui ne sait rien, quoique ces deux désirs eussent la même cause et la même fin.

Pendant les premiers mois, la nouveauté d'une vie recluse, les surprises de l'enseignement, les travaux qu'on lui apprenait, les pratiques de la religion, la ferveur d'une sainte résolution, la douceur des affections qu'elle inspirait, enfin l'exercice des facultés de l'intelligence réveillée, tout lui servit à comprimer ses souvenirs, même les efforts de la nouvelle mémoire qu'elle se faisait, car elle avait autant à désapprendre qu'à apprendre. Il existe en nous plusieurs mémoires : le corps, l'esprit ont chacun la leur, et la nostalgie, par exemple, est une maladie de la mémoire physique. Pendant le troisième mois, la violence de cette ame vierge, qui tendait à pleines ailes vers le paradis, fut donc, non pas domptée, mais entravée par une sourde résistance dont Esther ne connaissait pas la cause elle-même : elle était comme les moutons d'Ecosse, elle voulait paître à l'écart, elle ne pouvait vaincre les instincts développés par la débauche. Les rues boueuses du Paris qu'elle avait abjuré la rappelaient-elles? Les chaînes de ses horribles habitudes rompues tenaient-elles à elle par des scellements oubliés, et les sentait-elle comme, selon les médecins, les vieux soldats souffrent encore dans les membres qu'ils n'ont plus? Les vices et leurs excès avaient-ils si bien pénétré jusqu'à sa moelle, que les eaux saintes n'atteignaient pas encore le démon caché là? La vue de celui pour qui s'accomplissaient tant d'efforts angéliques, était-elle nécessaire à celle à qui Dieu devait pardonner de mêler l'amour humain à l'amour sacré : l'un l'avait conduit à l'autre? Se faisait-il en elle un déplacement de la force vitale, et qui entraînait des souffrances nécessaires? Tout est doute et ténèbres dans une situation que la science a dédaigné d'examiner en trouvant le sujet trop immoral et trop compromettant, comme si le médecin et l'écrivain, le prêtre et le politique n'étaient pas au-dessus du soupçon. Cependant un médecin arrêté par la mort a eu le courage de commencer des études laissées incomplètes. Peut-être la noire mélancolie à laquelle Esther fut en proie, et qui obscurcissait sa vie heureuse, participait-elle de toutes ces causes. Incapable de les deviner, elle souffrait comme souffrent les malades qui ne connaissent ni la médecine, ni la chirurgie. Le fait est bizarre : une nourriture abondante et saine substituée à une détestable nourriture inflammatoire ne la substantait pas. Une vie pure et régulière, partagée en travaux modérés exprès et en récréations, mise à la place d'une vie désordonnée où les plaisirs étaient aussi horribles que les peines, cette vie la brisait. Le repos le plus frais, les nuits les plus calmes qui remplaçaient des fatigues écrasantes et les agitations les plus cruelles lui donnaient une fièvre dont les symptômes échappaient au doigt et à l'œil de l'infirmière. Enfin le bien, le bonheur succédant au mal et à l'infortune, la sécurité à l'inquiétude étaient aussi funestes à Esther que ses misères l'eussent été à ses jeunes compagnes. Implantée dans la corruption, elle s'y était développée. Sa patrie infernale exerçait encore son empire, malgré les ordres souverains d'une volonté absolue. Ce qu'elle haïssait était sa vie, ce qu'elle aimait la tuait : elle avait une si ardente foi que sa piété réjouissait comme la vue d'une source vive ; elle aimait à prier, elle avait ouvert son ame aux clartés de la vraie religion qu'elle recevait sans efforts, sans doutes, le prêtre qui la dirigeait était dans le ravissement ; mais son corps contrariait à tout moment son ame.

On prit des carpes à un étang bourbeux pour les mettre dans un bassin de marbre et dans de belles eaux claires, afin de satisfaire un désir de madame de Maintenon qui les nourrissait des bribes de la table royale. Les carpes dépérissaient. Les animaux peuvent être dévoués, mais l'homme ne leur communiquera jamais la lèpre de la flatterie. Un courtisan remarqua cette muette opposition dans Versailles. « Elles sont comme moi, répliqua cette reine inédite, elles regrettent leurs vases obscurs. » Ce mot est toute l'histoire d'Esther.

Par momens, elle était poussée à courir dans les magnifiques jardins du couvent, elle allait affairée d'arbre en arbre, elle se jetait désespérément aux coins obscurs en y cherchant, quoi? elle ne le savait pas, mais elle succombait au démon, elle coquetait avec les arbres, elle leur disait des paroles qu'elle ne prononçait point. Elle se coulait parfois le long des murs, le soir, comme une couleuvre, sans châle, les épaules nues. Souvent à la chapelle, durant les offices, elle restait les yeux fixés sur le crucifix, et chacun l'admirait, les larmes la gagnaient; mais elle pleurait de rage: au lieu des images sacrées qu'elle voulait voir, les nuits flamboyantes où elle conduisait l'orgie comme Habeneck conduit au Conservatoire une symphonie de Beethoven, ces nuits rieuses et lascives, coupées de mouvemens nerveux, de rires inextinguibles, se dressaient échevelées, furieuses, brutales. Elle était au dehors suave comme une vierge qui ne tient à la terre que par sa forme féminine, au dedans s'agitait une impériale Messaline. Elle seule était dans le secret de ce combat du démon contre l'ange. Quand la supérieure la grondait d'être plus artistement coiffée que la règle ne le voulait, elle changeait sa coiffure avec une adorable et prompte obéissance, elle était prête à couper ses cheveux, si sa mère le lui eût ordonné. Cette nostalgie avait une grace touchante dans une fille qui aimait mieux périr que de retourner aux pays impurs. Elle pâlit, changea, maigrit. La supérieure modéra l'enseignement, et prit cette intéressante créature auprès d'elle pour la questionner. Esther était heureuse, elle se plaisait infiniment avec ses compagnes; elle ne se sentait attaquée en aucune partie vitale, mais sa vitalité était essentiellement attaquée. Elle ne regrettait rien, elle ne désirait rien. La supérieure, étonnée des réponses de sa pensionnaire, ne savait que penser en la voyant en proie à une langueur dévorante. Le médecin fut appelé lorsque l'état de la jeune pensionnaire parut grave, mais ce médecin ignorait la vie antérieure d'Esther, et ne pouvait la soupçonner; il trouva la vie partout, la souffrance nulle part. La malade répondit à ses questions de manière à renverser ses hypothèses. Restait une manière d'éclaircir les doutes du savant qui s'attachait à une affreuse idée : Esther refusa très-obstinément de se prêter à l'examen du médecin. La supérieure en appela, dans ce danger, à l'abbé Herrera. L'Espagnol vint, vit l'état désespéré d'Esther et causa pendant un moment à l'écart avec le docteur. Après cette confidence, l'homme de Science déclara à l'homme de Foi que le seul remède était un voyage en Italie. L'abbé ne voulut pas que ce voyage se fît avant le baptême et la première communion d'Esther.

—Combien faut-il de temps encore? demanda le médecin.

— Un mois, répondit la supérieure.

— Elle sera morte, répliqua le docteur.

— Oui, mais en état de grace et sauvée, dit l'abbé.

La question religieuse domine en Espagne les questions politiques, civiles et vitales; le médecin ne répliqua rien à l'Espagnol, et se tourna vers la supérieure. Le terrible abbé le prit alors par le bras.

— Pas un mot, monsieur! dit-il.

Le médecin, quoique religieux et monarchique, jeta sur Esther un regard plein de pitié tendre. Cette fille était belle comme un lys penché sur sa tige.

— A la grace de Dieu, donc! s'écria-t-il en sortant.

Le jour même de cette consultation, Esther fut emmenée par son protecteur au Rocher de Cancale. Le désir de la sauver avait suggéré le plus étrange expédient à ce prêtre, il essaya deux excès : un excellent dîner qui pouvait rappeler à la pauvre fille ses orgies, l'Opéra qui lui présenterait quelques images mondaines. Il fallut son écrasante autorité pour décider la jeune sainte à ces profanations. Herrera se déguisa si complètement en militaire qu'Esther eut peine à le reconnaître, il eut soin de faire prendre un voile à sa compagne, et la plaça dans une loge où elle pût être cachée aux regards. Ce palliatif, sans danger pour une innocence aussi sérieusement reconquise, fut promptement épuisé. La pensionnaire éprouva du dégoût pour les dîners de son protecteur, une répugnance religieuse pour le théâtre, et retomba dans sa mélancolie.

— Elle meurt d'amour pour Lucien, se dit Herrera qui voulut sonder la profondeur de cette ame et savoir tout ce qu'on en pouvait exiger.

Il vint donc un moment où cette pauvre fille n'était plus soutenue que par sa force morale, et où le corps allait céder. Le prêtre calcula ce moment avec l'affreuse sagacité pratique apportée autrefois par les bourreaux dans leur art de donner la question. Il trouva sa pupille au jardin, assise sur un banc, le long d'une treille que caressait le soleil de septembre; elle paraissait avoir froid et s'y réchauffer, ses camarades regardaient avec intérêt sa pâleur d'herbe flétrie, ses yeux de gazelle mourante, sa pose mélancolique. Elle se leva pour aller au devant de l'Espagnol par un mouvement qui montra combien elle avait peu de vie, et, disons-le, peu de goût pour la vie. Cette pauvre bohémienne, cette fauve hirondelle blessée excita pour la seconde fois la pitié de Carlos Herrera. Ce sombre ministre, que Dieu ne devait employer qu'à l'accomplissement de ses vengeances, accueillit la malade par un sourire qui exprimait autant d'amertume que de douceur, autant de vengeance que de charité. Instruite à la méditation, à des retours sur elle-même depuis quelques mois de vie quasi-monastique, Esther éprouva pour la seconde fois un sentiment de défiance à la vue de son protecteur, mais, comme à la première, elle fut aussitôt rassurée par sa parole.

—Eh bien ! ma chère enfant, disait-il, pourquoi ne m'avez-vous jamais parlé de Lucien ?

—Je vous avais promis, répondit-elle en tressaillant de la tête aux pieds par un mouvement convulsif, je vous avais juré de ne point prononcer ce nom.

—Vous n'avez cependant pas cessé de penser à lui.

—Là, monsieur, est ma seule faute. A toute heure je pense à lui, et quand vous vous êtes montré, je me disais à moi-même ce nom.

—L'absence vous tue?

Elle inclina la tête.

— Le revoir...

— Ce serait vivre.

—Pensez-vous à lui d'ame seulement ?

—Ah! monsieur, l'amour ne se partage point.

— Fille de la race maudite! j'ai fait tout pour te sauver, je te rends à ta destinée : tu le reverras!

— Pourquoi donc injuriez-vous mon bonheur? Ne puis-je aimer Lucien et pratiquer la vertu que j'aime autant que je l'aime? Ne suis-je pas prête à mourir ici pour elle comme je serais prête à mourir pour lui? Ne vais-je pas expirer pour ces deux fanatismes, pour la vertu qui me rendait digne de lui, pour lui qui m'a jeté dans les bras de la vertu ? Oui, prête à mourir sans le revoir, prête à vivre en le revoyant. Dieu me jugera.

Ses couleurs étaient revenues, sa pâleur avait pris une teinte dorée : elle eut encore une fois sa grâce.

— Le lendemain du jour où vous vous serez lavée dans les eaux du baptême, vous reverrez Lucien, et si vous croyez pouvoir vivre vertueuse en vivant pour lui, vous ne vous séparerez plus.

Le prêtre fut obligé de relever Esther; ses genoux avaient plié sous elle, elle était tombée comme si la terre eût manqué sous ses pieds; il l'assit sur le banc, et quand elle retrouva la parole, elle lui dit :—Pourquoi pas aujourd'hui?

— Voulez-vous dérober à Monseigneur le triomphe de votre baptême et de votre conversion? Vous êtes trop près de Lucien pour n'être pas bien loin de Dieu.

— Oui, je ne pensais plus à rien !

— Vous ne serez jamais d'aucune religion ! dit le prêtre avec un mouvement de profonde ironie.

— Dieu est bon, reprit-elle, il lit dans mon cœur.

Herrera, vaincu par la délicieuse naïveté qui éclatait dans la voix, le regard, les gestes et l'attitude d'Esther, l'embrassa sur le front pour la première fois.

— Les libertins t'avaient bien nommée : tu séduiras Dieu le père. Encore quelques jours, il le faut; après, vous serez libres tous deux.

— Tous deux, répéta-t-elle avec une joie extatique.

Cette scène, vue à distance, frappa les pensionnaires et les supérieures, qui crurent avoir assisté à quelque opération magique, en comparant Esther à elle-même; elle était changée, elle vivait; elle reparut dans sa vraie nature d'amour, gentille, coquette, agaçante, gaie, elle ressuscita !

Herrera demeurait rue Cassette, près de Saint-Sulpice, église à laquelle il s'était attaché. Cette église, d'un style dur et sec, allait à cet Espagnol qui appartenait à une congrégation de jésuites de la Navarre, et qui avait rendu, dans l'intérêt de son Ordre, des services à la cause constitutionnelle, en sachant que le prix de ce dévouement serait une sentence d'exil au rétablissement du Rey netto. Ce trait annonce une ame supérieure. Aussi, son Ordre l'avait-il vivement recommandé à Rome et à Paris. Cet homme était un profond politique, également assuré d'un chapeau de cardinal à Rome en cas de bannissement, d'un archevêché en Espagne si le duc d'Angoulême avait échoué dans son entreprise. Personne ne savait la raison de son séjour en France, où il s'était arrêté en allant à la cour du Saint-Père. Il avait pour Lucien de Rubempré, son héritier déclaré, une affection qui faisait présumer qu'il attendait la promotion de ce jeune homme à quelque poste diplomatique en Italie, pour continuer son voyage. L'ordonnance du roi relative au changement de nom de Lucien était due à son influence. Il vivait comme vivent traditionnellement les prêtres de son Ordre, fort obscurément. Il accomplissait ses devoirs religieux à Saint-Sulpice, ne sortait que pour affaires, toujours le soir et en voiture. La journée était remplie pour lui par la sieste espagnole, qui place le sommeil entre les deux repas, et prend ainsi tout le temps pendant lequel Paris est tumultueux et affairé. Le cigare espagnol jouait aussi son rôle et consumait autant de temps que de tabac. La paresse est un masque aussi bien que la gravité, qui est encore de la paresse. Herrera demeurait dans une aile de la maison, au second étage, et Lucien occupait l'autre aile. Ces deux appartemens étaient à la fois séparés et réunis par un grand appartement de réception dont la magnificence antique convenait également au grave ecclésiastique et au jeune poète. La cour de cette maison était sombre. De grands arbres touffus ombrageaient le jardin : le silence et la discrétion se rencontrent dans les habitations choisies par les prêtres. Le logement d'Herrera sera décrit en deux mots : une cellule. Celui de Lucien, brillant de luxe et muni des recherches du comfort, réunissait tout ce qu'exige la vie élégante d'un dandy, poète, écrivain, ambitieux, vicieux, à la fois orgueilleux et vaniteux, plein de négligence et souhaitant l'ordre, un de ces génies incomplets qui ont quelque puissance pour désirer, pour concevoir, ce qui est peut-être la même chose, et n'ont aucune force pour exécuter. A eux deux, Lucien et Herrera formaient un grand homme. Là sans doute était le secret de leur union.

Les vieux politiques sentent souvent le besoin d'une jolie machine, d'un acteur jeune et passionné pour accomplir leurs projets. Richelieu cherchat trop tard une blanche et belle figure à moustaches pour la jeter aux femmes qu'il devait amuser ; mais il ne put être compris par de jeunes étourdis ; aussi fut-il obligé de bannir la mère de son maître, et d'épouvanter la reine, après avoir essayé de plaire lui-même à l'une et à l'autre, sans être de taille à aimer des reines. Quoi qu'on fasse, il faut toujours, dans une vie ambitieuse, se heurter contre une femme, au moment où l'on s'attend le moins à pareille rencontre. Quelque puissant que soit un grand politique, il lui faut une femme à opposer à la femme, de même que les Hollandais ne peuvent user le diamant qu'avec le diamant. Rome, au moment de sa puissance, obéissait à cette nécessité. Voyez aussi comme la vie de Mazarin, cardinal italien, fut autrement dominatrice que celle de Richelieu, cardinal français. Richelieu trouve une opposition chez les grands seigneurs, il y met la hache, il meurt à la fleur de son pouvoir, usé par ce duel où il n'avait qu'un capucin pour second. Mazarin est repoussé par la bourgeoisie et par la noblesse réunies, armées, parfois victorieuses, et qui font fuir la royauté. Le serviteur d'Anne d'Autriche n'ôta la tête à personne, vainquit la France entière, et forma Louis XIV qui acheva l'œuvre de Richelieu en étranglant la noblesse avec des lacets dorés dans le grand sérail de Versailles. Madame de Pompadour morte, Choiseul est perdu.

Herrera s'était pénétré sans doute de ces hautes doctrines, et se rendant justice à lui-même plutôt que ne l'avait fait Richelieu, il avait choisi dans Lucien un Cinq-Mars, mais un Cinq-Mars fidèle. Personne ne pouvait mesurer l'ambition de cet Espagnol, comme on ne pouvait prévoir quelle serait sa fin : il était ambitieux pour deux.

Sept mois après son apparition à l'Opéra, qui l'avait fatalement rejeté dans un monde que l'abbé ne voulait plus lui voir fréquenter, Lucien avait trois beaux chevaux dans son écurie, un coupé pour le soir, un cabriolet, un tilbury pour le matin, il mangeait en ville. Les prévisions d'Herrera s'étaient réalisées : la dissipation s'était emparée de son élève, il ne s'y était point opposé, il jugeait nécessaire de faire diversion à l'amour insensé que ce jeune homme avait au cœur pour Esther. Mais Lucien avait dépensé quarante mille francs environ, et chaque folie l'avait ramené plus vivement à la Torpille, il la cherchait avec obstination, et ne la trouvant pas, elle devenait pour lui ce qu'est le gibier pour le chasseur. Herrera pouvait-il connaître la nature de l'amour d'un poète? Une fois que ce sentiment a gagné chez un de ces grands petits hommes la tête comme il a embrasé le cœur et pénétré les sens, ce poète devient aussi supérieur à l'humanité par l'amour, qu'il l'est par la puissance de sa fantaisie. Devant à un caprice de la génération intellectuelle la faculté rare d'exprimer la nature par des images où il empreint à la fois le sentiment et l'idée, il donne à son amour les ailes de son esprit : il sent et il peint, il agit et médite, il multiplie ses sensations par la pensée, il triple la félicité présente par l'aspiration de l'avenir et par les souvenances du passé ; il y mêle les exquises jouissances d'ame qui le rendent le prince des artistes; sa passion devient un grand poëme où souvent les proportions humaines sont dépassées ; il met sa maitresse beaucoup plus haut que les femmes ne veulent être logées, il change, comme le sublime chevalier de la Manche, une fille des champs en princesse, il use pour lui de la baguette avec laquelle il touche toute chose pour la faire merveilleuse, et il agrandit ainsi les voluptés par l'adorable monde de l'idéal. Aussi cet amour est-il un modèle de passion : il est excessif en tout, dans ses espérances, dans ses désespoirs, dans ses colères, dans ses mélancolies, dans ses joies; il vole, il bondit, il rampe, il ne ressemble à aucune des agitations qu'éprouve le commun des hommes, il est à l'amour bourgeois ce qu'est l'éternel torrent des Alpes aux ruisseaux des plaines. Ces beaux génies sont si rarement compris qu'ils se dépensent en faux espoirs, ils se consument à la recherche de leurs idéales maîtresses, ils meurent presque toujours comme de beaux insectes, parés à plaisir pour les fêtes de l'amour par la plus poétique des natures et qui sont écrasés vierges sous le pied d'un passant; mais, autre danger, lorsqu'ils rencontrent la forme qui répond à leur esprit, et qui souvent est une boulangère, ils font comme Raphaël, ils font comme le bel insecte, ils meurent auprès de la *Fornarina*. Lucien en était là. Sa nature poétique, nécessairement extrême en tout, en bien comme en mal, avait deviné l'ange dans la fille plutôt frottée de corruption que corrompue : il la voyait toujours blanche, ailée, pure et mystérieuse, comme elle s'était faite pour lui, devinant qu'il la voulait ainsi.

Vers le mois de septembre, Lucien perdit toute sa vivacité, il ne sortait plus, dînait avec Herrera, demeurait pensif, travaillait, lisait la collection des traités diplomatiques, restait assis à la turque sur un divan et fumait trois ou quatre houka par jour. Son groom était plus occupé à nettoyer les tuyaux de ce bel instrument et à les parfumer qu'à lisser le poil des chevaux et à les harnacher de roses pour les courses au bois. Le jour où l'Espagnol vit le front de Lucien pâli, où il aperçut les traces de la maladie dans les folies de l'amour comprimé, il voulut aller au fond de ce cœur d'homme sur lequel il asseyait son ambition.

Par une belle soirée où Lucien, assis dans un fauteuil, contemplait machinalement le coucher du soleil, à travers les arbres du jardin, en y jetant le voile de sa fumée de parfums par des souffles égaux et prolongés, comme les font les penseurs préoccupés, il fut tiré de sa rêverie par un profond soupir, il se retourna et vit l'abbé debout, les bras croisés.

— Tu étais là? dit le poète.

— Depuis long-temps, répondit le prêtre. Mes pensées ont suivi l'étendue des tiennes...

Lucien comprit ce mot.

— Eh! je ne me suis jamais donné pour une nature de bronze comme est la tienne; la vie est pour moi tour à tour un paradis et un enfer. Mais, quand par hasard elle n'est ni l'un ni l'autre, elle m'ennuie, et je m'ennuie...

— Comment peut-on s'ennuyer quand on a tant de magnifiques espérances devant soi...

— Quand on ne croit pas à ces espérances, ou quand elles sont trop voilées...

— Pas de bêtises, dit le prêtre. Il est bien plus digne de toi et de moi de m'ouvrir ton cœur. Il y a entre nous ce qui ne devait jamais y avoir, un secret. Ce secret dure depuis neuf mois, tu aimes une femme.

— Après...

—Une fille immonde, nommée la Torpille...

— Eh bien !

— Mon enfant, je t'avais permis de prendre une maîtresse, mais une femme de la cour, jeune, belle, influente, au moins comtesse. Je t'avais choisi madame d'Espard, afin d'en faire sans scrupule un instrument de fortune ; elle ne t'aurait jamais perverti le cœur, elle te l'aurait laissé libre... Aimer une prostituée de la dernière espèce, quand on n'a pas, comme les rois, le pouvoir de l'anoblir, est une faute énorme.

— Suis-je le premier qui ait renoncé à l'ambition pour suivre la pente d'un amour effréné?

— Bon! fit le prêtre en ramassant le *bochettino* du houka que Lucien avait laissé tomber par terre, et le lui rendant. Ne peut-on réunir l'ambition et l'amour? Enfant, tu as dans le vieil Herrera une mère dont le dévouement est absolu...

— Je le sais, mon vieux, dit Lucien en lui prenant la main et la lui secouant.

— Tu as voulu les joujous de la richesse, tu les as. Tu veux briller, je te dirige dans la voie du pouvoir, je baise des mains bien sales pour te faire avancer, et tu avanceras. Encore quelque temps, il ne te manquera rien de ce qui plait aux hommes et aux femmes : efféminé par tes caprices, tu es viril par ton esprit, j'ai tout conçu de toi, je te pardonne tout. Tu n'as qu'à parler pour satisfaire tes passions d'un jour. J'ai agrandi ta vie en y mettant ce qui la fait accepter par le monde, le cachet de la politique et de la domination. Tu seras aussi grand que tu es petit ; mais il ne faut pas briser le balancier avec lequel nous battons monnaie. Petit, je te permets tout, moins les fautes, qui tueraient ton avenir. Quand je t'ouvre les salons du faubourg Saint-Germain, je te défends les ruisseaux. Lucien, je serai comme une barre de fer dans ton intérêt, je souffrirai tout de toi, pour toi. Ainsi donc, j'ai converti ton manque de touche au jeu de la vie en une finesse de joueur habile...

Lucien leva la tête par un mouvement d'une brusquerie furieuse.

— J'ai enlevé la Torpille !

— Toi ! s'écria Lucien, qui, dans une rage animale, se leva, jeta le bochinetto d'or et de pierreries à la face du prêtre, et le poussa si violemment qu'il renversa cet athlète.

— Moi, dit l'Espagnol en se relevant et en gardant sa gravité terrible.

La perruque noire était tombée. Un crâne poli comme une tête de mort rendit à cet homme sa vraie physionomie, elle était épouvantable. Lucien était sur son divan, les bras pendans, accablé, le regardant d'un air stupide.

— Je l'ai enlevée, reprit-il.

— Qu'en as-tu fait? Tu l'as enlevée le lendemain du bal masqué...

— Oui, le lendemain du jour où j'ai vu insulter un être qui t'appartenait par des drôles à qui je ne voudrais pas donner mon pied dans....

— Des drôles, reprit Lucien en l'interrompant, dis des monstres auprès de qui ceux que l'on guillotine sont des anges. Sais-tu ce que la pauvre Torpille a fait pour trois d'entre eux. Il y en a un qui a été pendant deux mois son amant : elle était pauvre et cherchait son pain dans le ruisseau ; lui n'avait pas le sou, il était comme moi, quand tu m'as rencontré, bien près de la rivière ; mon gars se relevait la nuit, il allait à l'armoire où étaient les restes du dîner de cette fille, et il les mangeait ; elle a fini par découvrir ce manége ; elle a compris cette honte, elle a eu soin de laisser beaucoup de restes, elle était bien heureuse ; elle n'a dit cela qu'à moi, dans son fiacre, au retour de l'Opéra. Le second avait volé, mais avant qu'on ne pût s'apercevoir du vol, elle a pu lui prêter la somme qu'il n'a jamais rendue. Quant au troisième, elle a fait sa fortune en jouant une comédie où éclate le génie de Figaro, elle a passé pour sa femme et s'est faite la maîtresse d'un homme tout puissant qui la croyait la plus candide des bourgeoises. A l'un la vie, à l'autre l'honneur, au dernier la fortune qui est aujourd'hui tout cela! Voilà comme elle a été récompensée par eux.

— Veux-tu qu'ils meurent? dit Herrera qui avait une larme dans les yeux.

— Allons, te voilà bien! Je te connais....

— Non, apprends tout, poète rageur, dit le prêtre, la Torpille n'existe plus....

Lucien s'élança sur Herrera si vigoureusement, pour le prendre à la gorge, que tout autre homme eût été renversé; mais le bras de l'Espagnol maintint le poète.

— Écoute donc, dit-il froidement. J'en ai fait une femme chaste, pure, bien élevée, religieuse, une femme comme il faut; elle est dans le chemin de l'instruction. Elle peut, elle doit devenir, sous l'empire de ton amour, une Ninon, une Marion Delorme, une Dubarry, comme le disait ce journaliste à l'Opéra. Tu l'avoueras pour ta maîtresse ou tu resteras derrière le rideau de ta création, comme tu voudras! L'un ou l'autre parti t'apportera profit ou orgueil, plaisir et progrès; mais si tu es aussi grand politique que grand poète, Esther ne sera que cela pour toi. Bois, mais dégrise-toi. Si je n'avais pas pris les rênes de ta passion, où en serais-tu aujourd'hui? Tu aurais roulé avec la Torpille dans la fange des misères d'où je t'ai tiré. Tiens, lis, dit Herrera aussi simplement que Talma dans *Manlius* qu'il n'avait jamais vu.

Un papier tomba sur les genoux du poète, et le tira de l'extatique surprise où l'avait plongé cette terrifiante réponse, il le prit et lut la première lettre écrite par mademoiselle Esther.

A M. l'abbé Carlos Herrera.

« Mon cher protecteur, ne croirez-vous pas que chez moi la reconnaissance passe avant l'amour, en voyant que c'est à vous rendre grâce que j'emploie, pour la première fois, la faculté d'exprimer mes pensées, au lieu de la consacrer à peindre un amour dont Lucien doit douter; mais je vous dirai à vous, homme divin, ce que je n'oserai lui dire à lui, qui, pour mon bonheur, tient encore à la terre : la cérémonie d'hier a versé les trésors de la grâce en moi, je remets donc ma destinée en vos mains. Dussé-je mourir en restant loin de mon bien-aimé, je mourrai purifiée comme la Madeleine, et mon ame deviendra pour lui la rivale de son ange gardien. Oublierai-je jamais la fête d'hier? comment vouloir abdiquer le trône glorieux où je suis montée? Hier, j'ai lavé toutes mes souillures dans l'eau du baptême, et j'ai reçu le corps sacré de notre Sauveur; je suis devenue l'un de ses tabernacles. En ce moment, j'ai entendu les chants des anges, je n'étais plus une femme, je naissais à une vie de lumière, au milieu des acclamations de la terre, admirée par le monde, dans un nuage d'encens et de prières qui enivrait, et parée comme une vierge pour un époux céleste. En me trouvant, ce que je n'espérais jamais, digne de Lucien, j'ai abjuré tout amour impur, et ne veux pas marcher dans d'autres voies que celles de la vertu. Si mon corps est plus faible que mon ame, qu'il périsse. Soyez l'arbitre de ma destinée, et si je meurs, dites à Lucien que je suis morte pour lui en naissant à Dieu.

« Ce dimanche soir. »

Lucien leva sur l'abbé ses yeux mouillés de larmes.

— Tu connais l'appartement de la petite Caroline Bellefeuille, rue Taitbout, reprit l'Espagnol, elle était dans un effroyable besoin, elle allait être saisie, j'ai fait acheter son domicile en bloc, elle en est sortie avec ses nippes. Esther, cet ange qui voulait monter au ciel, y est descendue et t'attend !

En ce moment Lucien entendit dans la cour ses chevaux qui piaffaient, il n'eut pas la force d'exprimer son admiration pour un caractère que lui seul pouvait apprécier ; il se jeta dans les bras de l'homme qu'il avait outragé, il répara tout par un seul regard et par la muette effusion de ses sentimens, puis il franchit les escaliers, jeta l'adresse d'Esther à l'oreille de son groom, et les chevaux partirent, comme si la passion de leur maître eût animé leurs jambes.

Le lendemain un homme, qu'à son habillement les passants pouvaient prendre pour un gendarme déguisé, se promenait, rue Taitbout, en face d'une maison, comme s'il attendait la sortie de quelqu'un ; son pas était celui des hommes agités : vous rencontrez souvent de ces promeneurs passionnés dans Paris, de vrais gendarmes qui guettent un garde national réfractaire, des recors qui prennent leurs mesures pour une arrestation, des créanciers méditant une avanie à leur débiteur qui s'est claquemuré, des amans ou des maris jaloux et soupçonneux, des amis en faction pour compte d'amis ; mais vous rencontrerez bien rarement une face éclairée par les sauvages et rudes pensées qui animaient celle du sombre athlète allant et venant sous les fenêtres de mademoiselle Esther avec la précipitation occupée d'un ours en cage. A midi, une croisée s'ouvrit ; la main d'une femme de chambre poussa les volets rembourrés de coussins. Quelques instans après, Esther en deshabillé vint respirer l'air ; elle était appuyée sur Lucien. Qui les eût vus les aurait pris pour l'original d'une suave vignette anglaise. Esther rencontra tout d'abord les yeux de basilic du prêtre espagnol, et la pauvre créature, atteinte comme de la peste, jeta un cri d'effroi.

— Voilà le terrible prêtre! dit-elle en le montrant à Lucien.

— Lui, dit-il, il n'est pas plus prêtre que toi....

— Qu'est-il donc alors, dit-elle effrayée.

— Eh! c'est un vieux Lascar qui ne croit ni à Dieu ni au diable.

Aux Jardies, août 1838.

FIN DU SECOND VOLUME.

# TABLE DES MATIÈRES.

## LA FEMME SUPÉRIEURE.

### SECONDE PARTIE.

| | |
|---|---|
| LES BUREAUX (Suite). | 1 |
| Chap. VI. — Les Tarets à l'ouvrage. | 5 |

### TROISIÈME PARTIE.

| | |
|---|---|
| A QUI LA PLACE. | 45 |
| Chap. VII. — Scène de ménage. | 49 |
| Chap. VIII. — Madame Rabourdin présentée. | 85 |
| Chap. IX. — En avant les Tarets. | 117 |
| Chap. X. — La Démission. | 161 |
| LA MAISON NUCINGEN. | 195 |
| LA TORPILLE. | 345 |
| Le bal de l'Opéra. | 349 |
| La Fille repentie. | 387 |
| La Pensionnaire. | 429 |

FIN DE LA TABLE.